U0336512

约翰·科特

领导力与变革管理经典

领导变革

LEADING
CHANGE

[美] 约翰·科特 著
（John P. Kotter）

徐中 译

机械工业出版社
CHINA MACHINE PRESS

本书中文简体字版由 Harvard Business School Press 授权机械工业出版社在中国大陆地区（不包括香港、澳门特别行政区及台湾地区）独家出版发行。未经出版者书面许可，不得以任何方式抄袭、复制或节录本书中的任何部分。

北京市版权局著作权合同登记　图字：01-2012-7806 号。

图书在版编目（CIP）数据

领导变革 /（美）约翰·科特（John P. Kotter）著；徐中译 . —北京：机械工业出版社，2024.2（2025.1 重印）

（约翰·科特领导力与变革管理经典）

书名原文：Leading Change

ISBN 978-7-111-74706-2

I. ①领… II. ①约… ②徐… III. ①企业领导学 IV. ① F272.91

中国国家版本馆 CIP 数据核字（2024）第 001817 号

机械工业出版社（北京市百万庄大街 22 号　邮政编码 100037）

策划编辑：李文静　　　责任编辑：李文静

责任校对：梁　静　　　责任印制：张　博

北京建宏印刷有限公司

2025 年 1 月第 1 版第 3 次印刷

147mm × 210mm · 7.625 印张 · 2 插页 · 127 千字

标准书号：ISBN 978-7-111-74706-2

定价：79.00 元

电话服务	网络服务
客服电话：010-88361066	机　工　官　网：www.cmpbook.com
010-88379833	机　工　官　博：weibo.com/cmp1952
010-68326294	金　书　网：www.golden-book.com
封底无防伪标均为盗版	机工教育服务网：www.cmpedu.com

在本书出版 16 年后，书中的内容不仅与当下密切相关，而且我相信，相比过去，它更适用于当下情况，原因很简单：变革在持续加速！

相比 16 年前，我们今天知道的要更多。我已经出版了另外 4 本书，以各种不同的方式深入地研究这些观点。现在我要撰写第 5 本了，它将是一种飞跃（而不是简单地增加内容），揭示 21 世纪成功需要什么。但是，当人们问我，应该从哪里开始他们的旅程，在变革的世界中学习领导力时，我总是要求他们从这里开始。

当聪明的领导者试图进行重大的变革，尤其是实施高风险的战略或者项目时，他们最容易犯的根本性错误和以前没有两样（第1章）。这不意味着高管在过去的几十年里什么都没有学到，他们当然学到了。但是，挑战同样在快速增长，甚至比他们学习的速度还要快。

管理不是领导（第2章），这个简单的观点今天能够被人们更好地理解，但是人们的理解还远远不够。**管理让一个组织系统正常运行。它帮助你完成你知道如何完成的事。领导是建立一个新的组织系统，或者改变旧的组织系统。**它带领你进入全新的、很少了解甚至完全陌生的领域。这一点在快速变化的世界有着巨大的启示。

今天，由自满甚至是一点点的自满产生的问题，或增加紧迫感带来的力量（第3章），比10年前有更大的影响力。我完全相信，缺乏足够和整体的紧迫感，想要应对变革挑战是不可能的。随着在一年或者更长的时间里，团队没有产生看得见的变革成果，那些经验丰富、非常聪明的领导者失败了——他们放弃了必要的行动或者放慢了速度，同时失误也开始慢慢出现。

过去10多年，我们学会了以很多结构化和有效的方式来创建强有力的变革基础，启动并推进一个重大变革。但是，众多领导者和管理者对变革的基础仍然理解不够（第4章）。工作小组、工作流程、项目管理小组仍然是用来实现重大变革成果的最常见方法。这些组织方式是有帮助的，但是它们有产生错误过程的倾向，并且它们没有足够的能力解决极其困难的问题。

从第 5 章到最后也是如此，以前描述的问题仍然存在。它们的严重性、它们引起的负面后果，今天仍然存在，甚至更糟糕。虽然不断增加的变革速度有着超越本书的深远意义，但是下面的章节都是可以适用于今天组织变革的洞见和行动的方法，并且成功概率很大。

如果在我写作本书的时候就有人告诉我，本书一经出版就被《时代》杂志评为 25 本最有影响力的商业／管理书籍之一，我肯定不会相信。我只是把它当作我在哈佛进行的一系列研究项目的延伸。即便到今天，本书受到的所有赞誉还是让我难以接受。但是，客观地说，我确实看到它描述了半个世纪以来的一种强有力的趋势，并且很可能贯穿我的余生。这些趋势要求组织更加灵活和适应变革；要求更多的人具有更强的领导力，而不仅仅是来自高层的管理者；最根本的是，要求在精兵简政和铲除前进障碍的同时，培养一种实施大胆的、战略性创新的伟大能力。

变革速度是一种驱动力。领导变革恰恰是应对变革的唯一良方！

约翰·科特

2012 年 11 月于马萨诸塞州坎布里奇

目录 ◀ CONTENTS

第一部分

变革中的问题与解决之道

LEADING CHANGE

CHAPTER 1

第1章

组织变革
为什么失败

▼

　　无论从哪个方面来衡量，在过去20多年中，各种组织的重大变革次数都在显著增加。尽管有些人预言说，公司的流程再造、战略调整、兼并收购、精简裁员、质量改善、文化再造等工具中的大部分都会很快消失，但是，我认为这种可能性很小。强大的宏观经济因素正在发挥着重要的作用，在未来的几十年内，它们的作用还将变得越来越强大。这将促使越来越多的公司降低成本，改善产品和服务质量，寻找新的增长机会并提高生产率。

　　今天，通过重大的组织变革，一些组织极大地适应了环境的变化，一些组织提高了自身的竞争优势，还有一些组织创造了美好的未来前景。但是，对于大多数组织而言，改善情况是令人失望的，以至于公司陷入困境，造成资源浪费，员工士气低落、萎靡不振。

从某种程度上讲，变革中的负面感受是不可避免的。当人类不得不改变自己以适应环境变化时，痛苦必然会相伴而生。但是，过去十多年，我们所见证的变革中出现的巨大浪费和痛苦，其中绝大部分是可以避免的。我们犯了很多错误，其中最常见的有以下几种。

错误之一：未能消除自满情绪

迄今为止，组织在推动变革的过程中所犯的最大错误就是，没有在其管理者和员工当中建立起足够的紧迫感。这个错误是致命的，因为当人们的自满情绪高涨时，组织转型很难达成目标。

当阿德里安被任命为一家大型公司的特用化学品部门负责人时，他注意到了许多潜伏的问题和机会，其中很多源于这项业务的全球化。作为一名经验丰富、充满自信的高管人员，他开始了夜以继日的工作，发起了许多新的创新项目，旨在从这个竞争日益激烈的行业当中寻找新的机会，获取利润。他也意识到，组织中很少有人像他那样清楚地看到了威胁和机遇，但他认为这一问题并非不可解决。他觉得可以通过引导员工，向他们施加压力，甚至替换员工来解决这个问题。

两年后，阿德里安目睹他所倡导的计划一个接一个地被团队的自满情绪所淹没。尽管他花了很大力气来引导员工并向他们施加压力，可他的新产品战略的第一阶段还是耗时很久才得以实施，以至于竞争对手有机可乘，采取了相应的策略，导致其利润大幅降低。他没办法为其庞大的流程再造项目提供充足的资金。在团队中那些惯于搅局的员工的阻挠下，这一流程再造计划宣告破产。失望之余，阿德里安放弃了改变自己的员工，转而兼并了一家小公司。这家公司虽然规模比较小，但是阿德里安的许多想法都能得到实施。然后，接下来的两年内，在两家公司微妙的竞争当中，阿德里安惊讶地看到，原来部门的那些缺乏紧迫感的人不仅没有从他所收购的小公司的近期发展中学到任何宝贵经验，反而扼杀了新的部门继续其原有优势的能力。

很多像阿德里安一样优秀的领导者，都出于种种各不相同而又相互关联的原因，在公司变革的初期没能培养出足够的紧迫感。他们高估了自己推动组织重大变革的能力，低估了促使人们走出舒适区所需的努力。他们没有意识到，自己的行为可能反而无意中强化了现状。

他们缺乏耐心："准备工作已经足够了，我们动手吧！"他们对打破自满时出现的负面情况束手无策：人们变得小心戒备，士气低落，短期业绩出现滑坡。更有甚者，他们把紧迫感和焦虑混为一谈，增加了人们的焦虑感，使他们更加退回到自己的安全区，更加抗拒变革。

如果大多数组织的自满情绪不高，这个问题就不会那么严重。可事实恰恰相反，过去的成功太多、明显的危机太少、绩效标准太低、外部顾客反馈缺乏等问题加到一起就会导致如下结果："是的，问题的确存在，但也没那么糟糕，我的工作做得还行。"或者"是的，我们确实有很大的问题，可是谁都有问题啊。"没有紧迫感，人们就不会做出额外的努力，而这种努力往往是不可或缺的。他们不会做出必要的牺牲，而是躺在现有的功劳簿上，抵制上面要求的变革项目。其结果就是，流程再造项目深陷泥沼，新战略得不到很好的实施，收购的公司没办法很好地得到整合，人员精简永远无法实现最小的成本，质量改善计划则流于表面。

错误之二：未能创建足够强大的领导团队

人们常说，如果领导不积极地支持变革，重大变革就不可能实现。但我在这里想讨论的绝不仅仅是这个问题。成功的组织变革需要公司的 CEO、分公司总经理、部门经理与另外 5 个、15 个甚至 50 个决心改善公司绩效的人组成一个团队。这个团队很难囊括公司的所有高层管理者，因为他们中的一些人至少最初并不支持变革。在大多数成功案例中，这个团队是很强大的，无论正式的头衔、必要的信息和专业技能，还是声誉和关系，以及领导才能等方面都很强。一个人无论能力多么出众、魅力多么非凡，永远不可能拥有改变原有传统和惯性的全部资源，除非这个组织规模非常小。这个领导团队如果很弱，成效通常会很差。

在缺乏强有力的团队领导的情况下，变革可能会取得一些短期内的表面进展，例如，组织结构调整，启动一个流程再造计划。但是，那些反对派早晚会破坏这些计划。当一名高管或一个较弱的领导团队与固有的传统以及现实的利益等因素进行较量时，最终的胜利往往属于后者。他们想方设法阻止员工行为的改变，会让流程再造方案在管理者和员工的消极抵制中被扼杀，会让质量改善计划带来更严重的官僚主义，而不是提升顾客满意度。

作为一家大型美国银行人力资源部总监，克莱尔女士很清楚她手中的权力是有限的，以她的职位不适合领导本职工作以外的变革。眼看着公司面对新的竞争压力，除了裁员没有别的办法，她变得越来越失望。于是她接受任命，负责领导一个"质量改善"特别工作组。然而，接下来的两年，她经历了整个职业生涯中最令人沮丧的时期。

公司三位关键的业务经理没有一个加入这个工作团队。工作组费了好多周折才安排了第一次会议——几个团队成员抱怨说工作太忙了，她知道自己陷入了麻烦。而且，在那之后情况并没有多大改观。该工作组成了所有差劲团队特点的缩影：慢慢腾腾，拉帮结派，令人烦恼。大部分工作都是由一小群工作投入的人完成的。而其他团队成员和主要的业务经理对于工作组的工作既不感兴趣，也不理解，最后几乎所有建议都没有被采纳。工作组在磕磕绊绊中运转了18个月后就悄无声息了。

这样的失败通常是由低估了变革可能遇到的困难，从而低估了强有力的领导团队的必要性而造成的。即便自满情绪不高的公司，如果没有经历过转型和团队合作，通常也会低估强有力的领导团队的必要性，或者认为这一艰巨的任务只要有人力资源部、质量部门或是战略计划部门的某一位高管负责就行了，而不需要公司关键的业务经理参与。无论这些员工多么有能力、多么投入，没有关键的业务经理参与，领导团队可能永远都不会具备克服强大惯性的实力。

错误之三：低估了愿景的力量

对于重大的变革，紧迫感和强有力的管理团队是必需的，但还远远不够。除此之外，还有一些因素也是成功转型所不可或缺的，其中最为重要的就是愿景。

愿景在变革中扮演着关键角色，它将指导、协同并激励大多数人投入行动。没有一个恰当的愿景，转型工作很容易变成一系列混乱的、不协调的、纯粹浪费时间的零散项目，不是方向不对，就是根本没有明确方向。没有一个合理的愿景，会计部门的流程再造项目、人力资源部最新实施的360度绩效评估、工厂的质量改善计划以及销售部门的文化再造工作，就无法以对公司有意义的方式整合起来，也无法产生实施其中任何一个项目所需要的能量。

有些人因为认识到了变革实施过程中的重重困难，于是试图在幕后静静地操纵事态的发展，有意识地限制对未来方向的公开讨论。但是，没有一个明确的愿景来指导决策制定，员工面对的每一个决策都会引来一场无休止的争辩。最小的决策都会引发白热化的冲突，从而消耗能量，挫伤士气。讨论会被一些无关紧要的策略选择所占据，浪费很多宝贵的时间。

在许多失败的变革中，我们也可以看到一些冒充愿景的方案或计划。作为一家通信公司所谓的"质量沙皇"，康拉德花费了大量的时间和金钱，制作了一些 10 厘米厚的手册，无比详细地描述了他的变革规划。手册中列明了所有的步骤、目标、方法和最后时限，却没有清楚地写明所有这些活动最终要实现一个什么目的。不出意料，在把手册发给上百个员工后，大部分员工的反应是困惑或漠然。这些厚厚的手册并没有把他和员工团结在一起，同样也没有激发起员工的变革积极性。事实上，所起到的作用是相反的。

在不成功的变革中，有时候管理层对变革方向也有一定的认识，但是这种认识复杂，或者太模糊，无法具体应用。最近，我曾邀请一家英国中等规模制造型公司的高管描述他的愿景，结果他几乎用了长达 30 分钟的时间做了一个晦涩难懂的报告。他谈到了他想做的收购，他的新营销战略，他对"顾客至上"的定义，从外边聘请一位高层管理人员的计划，以及为什么撤销达拉斯的办事处，等等。未来方向的基本要素隐含在所有这些陈述的背后，但它们隐藏得太深了。

一个有用的判断原则是，如果我们在 5 分钟之内没有办法说清楚公司实施变革的原因，并得到人们的理解与引发兴趣，那就有问题了。

错误之四：对变革的愿景沟通不足

只有在大部分员工都支持，甚至愿意做出短期牺牲的情况下，重大的变革才可能产生。但人们通常是不愿意为此做出牺牲的，即便他们对现状并不满意。除非他们真的认为变革带来的好处是有吸引力的，并且相信变革是可能实现的。不经过大量的相互信任的沟通，是没有办法抓住员工的心的。

常见的无效沟通有三种，它们通常是由稳定时期积累下来的习惯所造成的。第一种，一个群体确实有了很好的变革愿景，但仅仅通过开几次会议或是发一些会议纪要来推广愿景。群体的成员们只进行很有限的公司内部沟通，然后他们还很惊讶，为什么人们还是不理解这些变革措施。第二种，组织的领导者煞费苦心地向员工做了大量的演讲，而大部分管理者却沉默不语。与第一种情况相比较，这种方式倒是运用了比较多的内部沟通来沟通愿景，但实际上沟通还是远远不够。第三种，人们在演讲和信件往来上投入了更多的精力，但是某些重要人物的言行却与整体愿景不符，这无疑会让整体愿景在人们心目中大打折扣。

我认识的一位杰出的 CEO，他在 20 世纪 80 年代早期也犯过这样的错误。他告诉我："那时候，我们似乎是尽了极大的努力向大家沟通我们的想法，但是几年以后，我们看到，我们所做的已经远远落后于我们所说的。更糟糕的是，我们有时会做出与我们所沟通的想法不一致的决策。我觉得，一定有员工认为我们是一群伪君子。"

成功的沟通来自言行一致，而行动通常比语言更有说服力。对于变革来说，没有什么比重要人物的言行不一致更具破坏力了。即使是在一些看起来非常不错的公司里，这种现象也时有发生。

错误之五：没有及时清除变革的障碍

任何重大变革的实施都需要大量人员的共同努力。即便员工都拥护某个愿景，但当变革过程遇到障碍时，他们的积极性还是会受挫。有时，这种障碍其实只是存在于人们的头脑之中，问题在于说服人们相信外部的障碍是不存在的。但很多情况下，障碍是实实在在存在的。

有时候，变革的障碍在于组织的结构。过细的分工会对提高产量和改进服务质量构成障碍。报酬或绩效评估体系可能迫使人们在新的愿景和个人利益之间做出选择。最糟糕的情况是，一些主管拒绝顺应变革，提出一些与变革不相符的要求。

如果障碍人物处在某个关键位置上，就可能阻止整个变革的进程。拉尔夫就是这样的一个人。他是一家大型金融服务公司的高层领导，他的员工背地里都叫他"石头"，而他把这一昵称当成了赞美。拉尔夫对于公司的重大变革说起来总是滔滔不绝，但他自己的行为却没有任何改变，也没有鼓励下属管理者发生改变。他不会奖励那些符合变革理念的想法。虽然人力资源管理体系明显与变革理念相悖，但他仍然容许这种体系继续运行。按照这样的做法，拉尔夫在任何管理职位上都会产生破坏作用。更要命的是，他不仅在从事管理工作，而且还是公司的三把手。

他之所以这样做，是因为他并不真正相信公司需要进行重大变革，而且他认为他的努力并不能实现变革并达成预期的结果。他能侥幸逃过责任是因为公司以前不曾出现过高管层面的人事问题，因为有些人怕他，而且CEO也担心会失去一个非常出色的对公司有贡献的人。结果却是损失惨重。基层管理者认为高管在误导他们，让他们建立起对变革的承诺；他们变得玩世不恭，整个变革的进程变得非常缓慢。

当聪明而善意的领导者回避障碍时，他们就可能挫伤员工的士气，破坏变革的进程。

错误之六：没有创造一个又一个短期胜利

真正的变革是需要时间的。调整战略或重组业务的工作十分复杂，如果没有一些短期的目标让人们去追求和庆祝，人们的动力可能会被耗尽。大多数人不愿进行漫长的征途，除非他们能在 6 ～ 18 个月内看到明显的证据，表明组织正在创造预期的成果。没有短期的胜利，很多员工会放弃前行，甚至加盟竞争对手。

创造短期的成功和希望获得短期成功是不同的，后者是被动的，前者是主动的。在成功的变革中，管理者通常会积极地获得绩效显著改进的方法，在年度计划中建立目标，实现这些目标，并对参与者给予肯定、升职或奖金等作为回报。在变革失败的案例中，很少有人会有计划地为保证能在 6 ～ 18 个月内取得进展而做出努力。管理者要么认为好的结果自然会发生，要么沉浸在雄伟的愿景当中，而对短期目标不加考虑。

尼尔森天生就是喜欢"大概念"的人。在两个同事的帮助下，他提出了一种新的想法，可以让他的库存管理团队运用新的技术从根本上减少库存成本，而不必冒增加储运损耗的风险。这三位管理者力排众议，坚持实施这一想法一年，然后又是一年。以他们自己的标准来看，他们的进展已经不小：建立了新的库存管理模式，添置了新的硬件设施，也开发了新的软件程序。但是，在怀疑者的眼中，特别是那些部门管理者眼中，他们什么都没有实现。他们想看到的是库存管理成本明显下降，或是获得其他经济收入来抵消成本。当他们表示质疑时，尼尔森说大变革是需要时间的。在两年中，部门管理者接受了他的解释，可是之后他们还是终止了这个项目。

人们经常抱怨自己被迫要创造短期的成功，但是在某些情况下，这种压力却是变革过程中十分有用的一个因素。当人们意识到产品质量改善或是公司文化再造需要经历一个长期的过程时，那种紧迫感就会下降。致力于创造短期的成功可以克制人们的自满情绪，并鼓励人们进行细致的分析性思考，而这些对澄清和完善变革愿景是有所助益的。

在尼尔森的案例中，这种压力本可以促成一些节省成本的方法，并加速新库存管理办法在局部的实施。有了这些短期成功，这个本来非常有意义的项目就可能继续下去，并为公司的发展做出贡献。

错误之七：过早地宣告胜利

经过几年的努力，人们总是忍不住在变革初见成效的时候就宣布重大变革已经大功告成了。欢庆胜利是可以的，但若是认为工作已经大部分完成，却是一个可怕的错误。除非变革已经深深地植入了公司文化之中——通常在一般的公司中这需要 3 ～ 10 年的时间，否则新的方法是非常脆弱的，很容易就会退回原位。

近些年，我观察了十个以流程再造为主题的变革项目。除了两个案例之外，其他都是在第一步的目标完成后就宣布整个变革已经获得成功，向咨询公司支付昂贵的费用，而不在乎有没有或是有多少证据能够证明最初的构想已经完全变成了现实，也不管员工是否已经接受了新的方法。没过几年，这些行之有效的方法就慢慢销声匿迹。在这十个案例中，有两三个现在已经完全看不到曾经变革过的影子了。

最近，对于这类现象是否仅仅是个别现象，我请教了一家从事流程再造咨询的公司负责人。她说："非常遗憾，这种现象并非个例。对我们来说，没有更加令人沮丧的事情了。我们为某项变革工作了几年，也取得了一定的进展，但在时机还不成熟的时候就过早收尾了。这种现象经常发生。许多公司设定的时间进程对于完成并巩固工作的成果来说实在是太短了。"

过去几十年中，在质量改进项目、组织提升以及其他变革中我也曾遇到过类似的情况。普遍来说，问题很早就会暴露在变革的进程当中：变革的紧迫感不够强，领导变革的团队也不够强，变革愿景不够清晰。但是，过早地庆祝成功会让整个势头戛然而止，然后传统的强大力量重新占据主导。

极具讽刺意味的是，那些理想化的变革发起人经常和追求一己私利的反对者共同成为这类问题的制造者。看到了胜利的曙光，发起者就被冲昏了头脑。他们和反对者联合起来，使反对者找到可乘之机，破坏整个变革。放下欢庆的酒杯之后，反对者通常会说这一胜利是战争结束的标志，军队应该回家了。而疲惫的战士也宁愿相信他们已经取得了胜利。一旦归家，战士就不愿意再重返前线了。过不了多久，变革就会陷入停滞，传统又卷土重来。

过早地宣布胜利就像在通往实质性变革的道路上跌进了陷阱。出于种种原因，即便是那些非常聪明的人也会不小心跌入陷阱，甚至是主动跳入陷阱。

错误之八：忽略了将变革融入公司文化

最后，只有当变革融入了我们做事的方式当中，渗透到公司和部门的血液中，变革才能真正巩固下来。除非新的行为方式能够深植于社会行为规范和共同的价值观，否则当变革所承受的压力降低的时候，新的行为方式往往会被移除。

在将新的方法融入公司文化的过程中，有两点非常重要。首先是要有意识地让人们知道某种特定行为或态度是如何有助于提高绩效的。如果让人们自己去寻找二者的联系——事实上多数情况下都是这样，他们很容易对两者的联系做出错误的判断。例如，当科琳担任部门主管时，她超凡的领导魅力使许多员工将绩效的改善归功于她出色的领导风格，而没有意识到实际上功劳应该归结于"顾客至上"的新战略。其结果就是，被融入公司文化中的理念变成了"重视善于社交的管理者"而不是"热爱你的顾客"。

变革的巩固也需要足够的时间，以确保下一代管理层能够真正地运用新方法。如果提拔人才的标准得不到重新设计，变革是很难持续的，这也是常见的错误之一。组织高层的一个错误的继任决策可能断送组织十年的努力。

公司高层做出的错误继任决策可能在董事会没有参与变革的情况下发生。在最近见到的三个案例中，变革的领导者是公司刚刚退休的 CEO。尽管他们的继任者也并非变革的反对者，但他们也不是变革的领导者。由于董事会没有从根本上理解变革的含义，他们没有在选择继任者的时候做出正确的决策。在其中一个案例中，CEO 在退休之前，没有成功地说服董事会去接受一位经验虽然不丰富但能很好适应公司新工作方式的继任候选人。在其他的例子中，CEO 没有对董事会的抉择提出异议，因为他们觉得，他们所做的变革是没有可能被改变的。但是他们错了。没出几年，这三家公司成功变革的痕迹就逐渐消失了。

聪明的领导者在这里功亏一篑，主要是因为他们对于公司文化问题不够敏感。经济数据导向的财务人员和分析导向的工程师会发现，讨论社会标准和价值观与他们的目标相比太软性了，所以他们忽略了文化的作用——这其实是危险的开始。

八种错误

如果我们身处一个节奏缓慢、竞争微弱的世界当中，所有这些变革中出现的错误都不会付出如此高昂的成本。在一个相对稳定或卡特尔式的环境中，快速执行新计划并不是取得成功的关键因素。而如今的问题是，这种稳定性已经不存在了。大多数专家都认为，在未来的几十年中，公司环境还会更加动荡。

在实施变革的过程中，犯这八种常见错误中的任何一种，都会产生严重的后果（见图1-1）。任何一种错误都会阻碍公司提供顾客希望价格的产品和服务，因为这些错误会使创新计划实施缓慢，导致不必要的抵触情绪，不断挫伤员工的积极性，有时甚至完全扼杀了必要的变革。结果预算变得紧张，员工被裁，留下的员工工作压力也大大增加。它对家庭和社会的影响也是致命的。在我写作本书时，对于这些问题带来的混乱所产生的担心，甚至已经影响到了总统选举。

常见的错误
1. 未能消除自满情绪
2. 未能创建足够强大的领导团队
3. 低估了愿景的力量
4. 对变革的愿景沟通不足
5. 没有及时清除变革的障碍
6. 没有创造一个又一个短期胜利
7. 过早地宣告胜利
8. 忽略了将变革融入公司文化

后果
1. 新战略得不到良好的实施
2. 收购公司后，无法实现预期的协同
3. 流程再造投入时间过长，成本过高
4. 人员精简未能达到成本控制的目标
5. 质量改善计划没有取得理想的成果

图1-1 组织变革过程中的八种常见错误及其后果

不过这些错误并非不可避免。只要意识到这些问题，再加上适当的方法，它们是可以避免的，或至少可以被大大减轻。关键问题在于要理解组织为什么会抵制其所需的变革；采取何种步骤来克服组织中致命的惰性；最重要的是，要在维持良性的内部关系的前提下推动这一过程，领导力比好的管理要重要得多。

CHAPTER 2

第2章

成功的变革与驱动力量

▼

经历过艰难、痛苦和不太成功的变革过程的人，通常会得出悲观、气愤的结论。他们会怀疑那些推动变革的人的动机，担心要实现重大变革，必然会有残酷的杀戮；害怕老板是怪物，或领导层中大部分人能力不足。然而，在观察了许多公司通过重组、流程再造、质量改善、兼并收购、文化再造、精减人员以及战略调整来改善公司绩效的案例之后，我得出了不同的结论。有足够的证据显示，大多数公共组织和私营组织只要投入适当的成本就能够大幅度改善组织绩效，但很多组织在改善过程中经常犯下重大的错误，原因在于组织还没有为转型做好充分的准备。

市场与竞争的全球化

我们这一代人和上一代人不是生活在一个经常处于变革状态的时代。由于缺少全球竞争，公司环境的变化节奏缓慢，公司一般很稳定，当时占主导地位的观念就是："如果没坏，就不用修理！"当时的变革是渐进的、很少发生的。如果我们和几位典型的 20 世纪 60 年代的管理者说，现在的企业家在 18 ～ 36 个月内就要求将生产率提高 20% ～ 50%，将质量提高 30% ～ 100%，将新产品开发时间缩短 30% ～ 80%，这些管理者会笑话我们的。这么短的时间内就要做出如此重大的变革，这和他们的个人经历相差太远，让他们难以置信。

如今，我们现在所面临的挑战是不同的。经济全球化为每个人都带来了更多的威胁和机会，迫使公司不得不进行大规模的改善，不仅仅是为了竞争和发展，更是为了生存。而全球化又是受广泛而强大的力量推动的，包括技术变革、全球经济一体化、发达国家的国内市场饱和等因素（见图 2-1）。

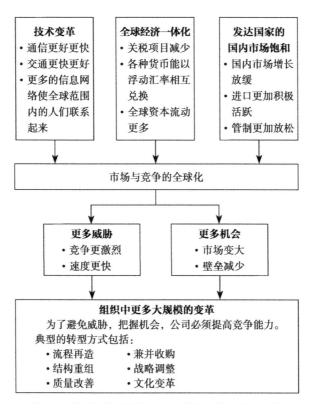

图 2-1 推动组织进行重大变革的经济和社会因素

资料来源：From *The New Rules: How to Succeed in Today's Post-Corporate World* by John P. Kotter.

在全球化时代，没有人能够不受这些力量的影响。即使是那些只在一个很小的区域内销售产品的公司也能感觉到全球化带来的冲击。有时候这种影响是间接的：丰田汽车打败了通用汽车，于是通用汽车裁员，员工更加节约，同时希望干洗店的价格能便宜一些。同样道理，学校、医院、慈善组织以及政府部门都被迫不断改进。现在问题是，许多管理者没有经历过这样的事情，而他们的前辈也没有告诉他们应该怎样面对这些事情。

根据公司过去20年的发展历程，一些人认为，公司不能进行重大变革，我们必须学会接受现实。但是，如果这种判断是对的，那又如何解释在最近这些年所发生的成功转型的案例呢？许多组织都已经发现了，如何有效地制定新战略、实施收购兼并、进行流程再造、执行质量改善计划以及对工作进行重新设计。他们将第1章所描述的错误控制在最小。通过这些工作，他们有的使自己免于破产，有的使自己从行业中游变成行业领先，有的在强有力的竞争对手面前胜出。

通过对这些成功案例进行分析，我们得出两种重要的模式。第一，成功的变革往往要经过多个步骤来积蓄足够的力量和动力，以克服各方面的惯性。第二，变革只有在卓越的领导而不只是优秀的管理的推动下，才能有效实施——领导与管理之间的重要区别，在后面谈到实施重要的组织变革时，会不断被提到。

领导变革的 8 个步骤

成功的转型都是基于这样一个基本的观点：重大变

革不会轻易发生是由很多原因造成的。即使一个客观的观察者能够清楚地看到成本过高、产品不够好、顾客需求发生变化却未得到很好满足等问题，但所需的变革还是会姗姗来迟，原因包括公司文化过于专注于内部、官僚主义严重、自满的政策、信任度低、缺乏团队精神、态度傲慢、中层管理人员缺乏领导能力，以及人类本能地对不确定性的恐惧等。只有很好地解决上述问题，那些调整战略、再造流程、提高质量的方法才能有效实施。

结构图表往往过于简化。因此，我选择用图 2-2 来总结在组织的各个方面进行成功变革的一些步骤。这一过程共包括 8 个步骤，每个步骤都涉及导致组织变革失败的一个基本错误。

转型的前 4 个步骤旨在"破冰"。如果变革很容易进行，我们可能不需要这些步骤。第 5 步到第 7 步是采取很多新的措施。最后一步将变革融入公司文化，让变革成果巩固下来。

在重大变革中，当人们面临展现成果的压力时，通常会试图跳过几个步骤——甚至是好几个步骤。最近，一位聪明能干的高管告诉我，他的一项重组计划受到了来自大部分管理人员的阻碍。以下是我们的简要对话：

"你的下属认为公司现状必须改变吗?"我问，"他们有紧迫感吗？"

"有些人这样认为，但大多数人似乎并不这么想。"

"是谁在推动这项变革？"

"我想主要是我。"他说。

"你是否有一个富有吸引力的未来愿景，以及实现这一愿景的战略，以帮助解释重组的必要性？"

"我认为有，"他说，"虽然我不确定它有多清晰。"

"你有没有试过，把愿景和战略以简洁的方式写在几页纸上？"

"没有。"

"你的管理者理解这一愿景吗？他们相信吗？"

"我觉得有三四个关键人物已经投入到这一愿景中来了，"他说，然后又承认，"但是，我想应该还是有很多人既不理解这个愿景，也不完全相信它。"

从图 2-2 中模型的变革流程来看，这位高管在实施其重组计划时，直接跳到了变革流程的第 5 步。由于他跳过了前面的几个步骤，变革缺乏充分的准备，所以遭遇了其他人的抵制。如果他把这种新模式硬塞到人们的脑子里（他可能已经这么做了），人们会有数不胜数的办法来阻碍他想要的行为改变。他知道实际情况正是如此，所以，他的变革停滞不前。像他这种情况在现实中并不少见。

1. 树立紧迫感
- 评估市场和竞争现状
- 找出并讨论当前的危机、潜在的危机与重大的机会

2. 组建领导团队
- 建立一个足够强大的变革领导联盟
- 让领导联盟像一个团队那样工作

3. 设计愿景战略
- 创立愿景来引领变革
- 制定实现愿景的战略

4. 沟通变革愿景
- 利用各种可能的方式持续地沟通新的愿景和战略
- 变革领导联盟要以身作则，树立榜样

5. 善于授权赋能
- 清除变革障碍
- 改变阻碍变革愿景的制度系统和组织结构
- 鼓励冒险和非传统的观念、活动和行为

6. 积累短期胜利
- 制订计划，以实现看得见的绩效改进
- 实现一个又一个的胜利
- 公开表扬和奖励为胜利做出贡献的人

7. 促进变革深入
- 充分利用人们日益增长的对变革的信任，改变所有与变革愿景不匹配的制度流程、组织结构和政策
- 聘用、提拔和培养能够实施变革愿景的人
- 以新的计划、主题和变革方式，促进变革持续深入

8. 成果融入文化
- 通过顾客导向和成果导向的行为、更多更好的领导以及更有效的管理，创造更好的绩效
- 阐明新的行为与组织成功之间的关系
- 开发新的方法，确保变革型领导者胜任和代代相传

图 2-2 创造重大变革的 8 个步骤

资料来源：Adapted from John P. Kotter, "Why Transformation Efforts Fail." *Harvard Business Review* (March-April 1995): 61.

人们经常希望仅仅通过第 5～7 步来实现组织变革，尤其是当他们觉得只需要一个决策（重组、收购或是裁员）就可以实现大部分必要的变革时更是如此。要么，他们只是顺着这些步骤走个过场，而没有完成实质性的工作；要么，他们因为在前进过程中没有很好地巩固前面步骤的成果，导致人们的紧迫感消失，或者领导团队瓦解。事实上，我们如果忽视了任何一个热身活动（第1～4步），就很难为以后的步骤奠定坚实的基础。如果忽略了第 8 步中的后续工作，你就无法到达终点线，使变革成果巩固下来。

变革顺序的重要性

任何成功的变革，无论规模大小，都会按如图 2-2 所示的顺序经历 8 个步骤。尽管人们通常会同时进行几个步骤，但是如果省略任何一个步骤，或在没有打好基础的情况下快速推进，通常会导致问题。

我最近让一家大型制造公司分公司的 12 位高层管理人员评估他们处在变革过程的哪个步骤。他们觉得已经完成了第 1 步的 80%，第 2 步的 40%，第 3 步的 70%，第 4 步的 60%，第 5 步的 40%，第 6 步的 10%，第 7、8 步的 5%。他们还说，变革在顺利进行了 18 个月后开始缓慢下来，这使他们都很沮丧。我问他们觉得问题出在哪里。在多次讨论中，他们反复提到"公司总部"——包括 CEO 在内的公司主要领导人没有充分地参与到领导团队中来。12 位高层管理人员都认为这是第 2 步只进行到 40% 的原因。他们认为，由于高层的原则没有最终确定，所以第 3 步中的具体战略也就无法确定。愿景沟通（第 4 步）的效果大打折扣，因为员工认为来自公司总部的信息与他们的新方向不一致。同样，授权工作（第 5 步）受到妨碍。愿景不清晰，就很难取得短期的成功（第 6 步）。他们不顾第 2 步出现的问题，试图继续推进变革，尽管表面上有一些进展，但因为缺乏坚实的基础，所有的努力都变得岌岌可危。

　　通常情况下，人们之所以会跳过某些步骤，是因为他们急于求成。他们还常常在看似合理的逻辑下试图自己创新步骤和顺序。他们在做好第 1 步，解决好紧迫感的问题之后，就将后面几个步骤的工作一起推进；但任何与图 2-2 不一致的变革顺序，事后证明效果一般都不佳。因为那样的顺序不是循序渐进、水到渠成的，而是人为强制、机械的。它无法创造出巨大的能量，来克服传统的巨大惯性。

大项目中的小项目

大部分变革项目都是由许多小项目组成的，这些小项目一般也要经过这8个步骤。所以我们可能常常处于这样的情况：整个变革项目行至中途，一些小项目完成了，而有的小项目才刚刚开始。这就像大轮子中套着小轮子一样。

以一家大中型电信公司为例：整个变革项目历时6年，旨在大幅度提高公司的竞争地位。进行到第3年时，整个变革项目集中在第5～7步上。当时，一个相对较小的流程再造项目正处在第8步的结尾阶段，而同时公司员工团队的重组项目才刚刚开始，大部分工作还集中在第1步和第2步。质量改善项目在进行当中，但是比计划有些延误。还有一些小项目收尾没有开始。早期成效在整个项目进行到6～12个月时已经显现，但最大的成果到整个项目接近尾声时才真正出现。

当一个组织出现危机时，整个变革项目中的第一个项目通常应该是"拯救沉船"或"扭转局势"的。在6～24个月的时间里，人们会采取果断的措施来扭转公司亏损，保证公司的生存。第二个项目可能是有关新的战略和流程再造项目的。接下来就是大规模的文化和结构的变革。所有这些项目都要按顺序经历8个步骤，每个项目都在整体的转型项目中起到一定的作用。

由于我们谈到的变革是经历多个步骤，包含多个项目的，最终的结果往往是复杂、动态、混乱甚至是可怕的。那些试图通过简单、线性的分析过程来推动重大变革的人往往在开始阶段就会失败。不是说分析不重要，审慎的思考总是必要的，但除此之外还要涉及许多因素，而不只是：①收集数据；②确定可行性方案；③分析；④决策。

> 提问：为什么有些很聪明的人会过于依赖简单线性的分析过程呢？
>
> 回答：因为人们教他们的是管理，而不是领导。

管理与领导

管理是确保人员和技术构成的复杂组织系统顺利运转的一系列流程。管理最重要的工作包括计划、预算、组织、人事、控制与问题解决。领导是指带领组织创造卓越、适应重大环境变化的一系列流程。领导流程包括制定未来愿景，以愿景动员人们，并激励人们克服困难，实现愿景（见图 2-3）。两者的区别对于我们的主题十分重要：从图 2-2 和图 2-3 我们可以看出，成功的转型项目需要 70% ～ 90% 的领导和 10% ～ 30% 的管理。然而，由于历史原因，今天许多组织都没有形成强有力的领导力。几乎所有人都认为变革的问题在于管理。

管理	领导
·计划与预算	**·设定方向**
建立具体的步骤和时间表来取得所需的结果，然后配置所需的资源来实现结果	创立未来愿景（常常是长远的未来）以及战略，来实施变革以实现愿景
·组织与人事	**·协同人员**
设计组织结构，以满足变革项目的要求；按组织结构配置人员，分配责任和权力来实施项目；制定政策和程序来帮助引导员工；设计方法和制度来监督实施过程	用言语和行动向所有需要合作的人沟通愿景方向，影响人们理解愿景和战略，形成有效的团队和联盟
·控制与问题解决	**·激励与鼓舞**
监控结果，找出执行与计划之间的偏差，然后完善计划和组织以解决这些问题	通过满足人们基本但尚未得到满足的需要来激励人们克服变革中遇到的来自政策、官僚主义和资源方面的障碍
↓	↓
·建立一定程度的可预测性和秩序，并拥有持续产生满足不同利益相关者短期期望成果的潜力（如对于顾客是保证准时，对于股东则是符合预算）	·促使变革发生，通常是重大的变革；同时拥有促成根本性的变革的潜力（如顾客需要的新产品，促使企业更具竞争力的新型劳资关系）

图 2-3 管理与领导

资料来源：From *A Force for Change: How Leadership Differs from Management* by John P. Kotter.

在 20 世纪的大部分时间里，我们在人类历史上第一次创造出了千千万万个大型组织，却没有足够多的优秀管理者来保证这些组织良好运转。因此，许多公司和大学都开设了管理课程，无数人被鼓励边工作边学习管理。但是，人们却很少学习领导。从某种意义上讲，管理之所以受到重视，是因为它比领导更容易讲授。但即便如此，管理依然是 20 世纪的关键词，因为我们需要管理。很多企业家或公司创始人自身是一名领导者，他们需要数百名管理者来运营他们日益扩张的公司。

不幸的是，今天，这种对管理的重视常常被制度化地融入公司文化，从而阻碍了员工去学习如何领导。具有讽刺意味的是，导致这一结果的往往就是之前的成功。在研究了许多案例之后，我发现其形成过程是这样的：成功带来某种程度的市场领先，市场领先又促使组织继续增长；之后，控制这个规模越来越大的组织就成了公司的主要挑战。因此，注意力便转移到了内部，着重培养人员的管理能力。由于重点放在了管理能力而非领导能力上，官僚主义和关注内部的做法就占了上风。但是，随着公司持续取得成功，市场统治地位牢牢站稳，公司即使出了问题也得不到处理，一种不健康的自满情绪开始滋生。所有这些特点使变革变得更加困难（见图 2-4）。

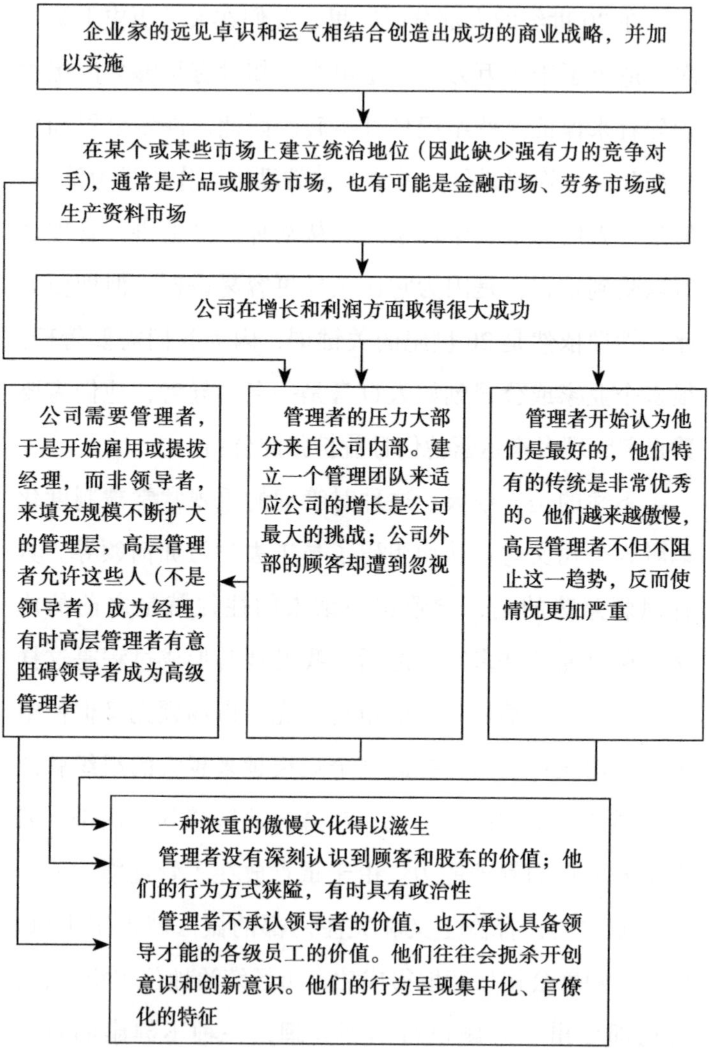

企业家的远见卓识和运气相结合创造出成功的商业战略，并加以实施

在某个或某些市场上建立统治地位（因此缺少强有力的竞争对手），通常是产品或服务市场，也有可能是金融市场、劳务市场或生产资料市场

公司在增长和利润方面取得很大成功

公司需要管理者，于是开始雇用或提拔经理，而非领导者，来填充规模不断扩大的管理层，高层管理者允许这些人（不是领导者）成为经理，有时高层管理者有意阻碍领导者成为高级管理者

管理者的压力大部分来自公司内部。建立一个管理团队来适应公司的增长是公司最大的挑战；公司外部的顾客却遭到忽视

管理者开始认为他们是最好的，他们特有的传统是非常优秀的。他们越来越傲慢，高层管理者不但不阻止这一趋势，反而使情况更加严重

一种浓重的傲慢文化得以滋生

管理者没有深刻认识到顾客和股东的价值；他们的行为方式狭隘，有时具有政治性

管理者不承认领导者的价值，也不承认具备领导才能的各级员工的价值。他们往往会扼杀开创意识和创新意识。他们的行为呈现集中化、官僚化的特征

图 2-4 管理过度而领导不足的公司文化的形成过程

资料来源：From *Corporate Culture and Performance* by John P. Kotter and James L. Heskett.

　　骄傲自大的管理者常常会高估他们当前的绩效和竞争地位，听不进去他人的意见，学习进步缓慢。那些把重点放在内部的人很难看到为他们带来机会和威胁的外部趋势。官僚主义文化会扼杀人们对环境变化做出反应的积极性。领导力的匮乏使组织深陷困境而无法自拔。

　　抵制变革的文化与不懂变革的管理者之间的结合会使情况变得致命。在这种情况下，组织不可避免地会犯第 1 章中提到的那些错误。自满情绪很少受到控制，因为对于一生中都被要求保持现状的人来说，紧迫感不是他考虑的问题，就像一只永远按部就班报时的瑞士名表。一群长期受到官僚制度和管理思维教导出来的管理者是不可能创造出强有力的领导联盟的。愿景和战略不会出自一个只会制订计划和预算的人之手。他们不会在沟通愿景和方向上投入足够的时间和精力。因为缺乏公司的组织结构、制度系统和培训体系的支持，那些想要实施愿景的人不能得到足够的授权支持。这一点毫不奇怪，因为大多数管理者对于授权都知之甚少。人们往往过早地宣布胜利，因为他们习惯于按系统周期行事，而这个周期往往是按小时、天或星期来计算的，而不是用年来计算的。公司文化很难吸纳新的方式，因为人们习惯于从正式结构的角度，而不是文化的角度来思考。于是，有时公司花了很高的成本进行收购，两家公司却很难产生所期望的协同效应；大规模裁员却达不到控制成本的目标；花费大量时间实施流程再造项目却获益甚少；大胆提出新战略却得不到很好的实施。

历史悠久的大型公司的管理者很难提出转型计划，因为他们往往缺乏领导力、态度傲慢、思想封闭、官僚主义严重。在这些公司当中，变革项目往往会出现管理过度、领导不足的情况，推动力明显大于牵引力。某个人制订出一个计划，然后交给别人，想办法保证他们履行职责；或者由某人制定决策，命令其他人接受这一决策。这一方法的问题在于，仅仅依靠强权很难推动重大变革，使组织运转得更好。成功的转型需要牺牲、奉献和创造力，而这些都不会在高压管理下产生。

为了改善那些管理过度、领导不力的变革项目，人们往往试图消除转型过程天然具有的"复杂性"。于是，变革的8个步骤被缩减为3个步骤，七个项目被合并为两个。转型项目也不再涉及成百上千的人，而只由一个小的团队来实施。最终结果几乎总是令人失望。

管理变革非常重要。没有强有力的管理，转型过程就会失控。但对于大多数组织来说，领导变革才是更大的挑战。只有通过领导才能冲破许多公司惯性的阻碍；只有通过领导才能激励人们做出重要的行为转变；只有通过领导才能使变革成果得以巩固，并使其融入组织文化。

正如我们在接下来的几章中将看到的，变革的领导力经常是从一两个人开始的。但是，除了很小的组织，其他组织都需要更多的领导者参与领导变革。任何人都不能指望出现一个非同寻常的人物，用其魅力来吸引成千上万的人成为其顺从的追随者，从而解决变革中出现的问题。现代组织远非那么简单，没有任何巨人可以凭借其个人的力量来使组织成功转型。实现更强的领导力需要很多人的帮助，但不是通过模仿丘吉尔或马丁·路德·金，而是本着谦虚的态度，在他们职责范围内协助领导者的变革项目。

关于未来

如果商业环境可以很快稳定下来，或者变化速度放缓，那么组织变革问题就不会那么令人烦恼。但是，大多数可靠的证据显示，情况正好相反：未来几十年，环境的变化速度会更快，组织变革的压力会日益增大。如果是这样，那么唯一理性的解决之道就是更好地学习如何成功实施变革，并将这种知识传授给更多的人。

从过去二十多年内我所了解的情况来看，帮助人们更好地理解变革转型包括两个方面，本书的其余部分会详细论述这两个方面。第一个方面是关于变革过程中的各个步骤。我们还需要更多地学习什么会起作用，什么不起作用；各个事件发生的自然顺序是怎样的，以及在哪些地方，即使很有才干的人也会遇到困难。第二个方面是关于这一过程背后的驱动力的，那就是领导、领导、更多地领导。

如果你真的觉得你和组织中的其他相关人士已经知道了成功实施变革需要做什么，并认为没有必要花时间阅读本书其余部分的话，那么，我建议你考虑一下我下面要说的话。如果我们从你的组织过去12个月内的所有文件中搜索"管理变革"和"领导变革"，你觉得我们会发现什么？我们会查看你们的备忘录、会议总结、新闻通讯、年度报告、项目报告、正式计划书等，然后把所得的数字转换成百分数：$x\%$ 代表"管理变革"，$y\%$ 代表"领导变革"。

当然，这种练习的结果也可能只不过是一个毫无意义的数字游戏。但是，从另一个角度来看，也许它也会正确地反映出我们的组织对变革的看法，而且它可能会关系到我们的组织会以多快的速度改进产品或服务的质量、提高生产率、降低成本以及实现创新。

第二部分

领导变革的8个步骤

LEADING CHANGE

CHAPTER 3

第3章

树立紧迫感

▼

　　询问任何30岁以上的人，在组织中开展重大变革有多难，他们往往会说"非常非常艰难"。但实际上，我们大多数人并没有理解它真正的难度，我们远远低估了这个任务的艰巨性，尤其是变革的第1步：树立紧迫感。

　　无论是让一个濒临倒闭的公司起死回生，让一个业绩平平的公司成为行业的领头羊，还是让行业的领头羊拥有更加绝对的优势，这些工作都需要众人的共同合作、积极参与和自我牺牲。在一家有100人的公司要想推行重大变革，至少需要20多个员工付出远远超出自己职责范围的努力。如果是在10万人规模的公司，这样的员工则至少需要 1.5 万人。

组织要想获得必要的合作，树立紧迫感至关重要。如果人们的自满情绪很高，变革转型往往无法推动，因为人们对变革根本就没有兴趣。组织缺乏紧迫感，就很难构建一支强有力和深具威望的领导团队，也很难让关键人物花时间去构思和沟通变革愿景。在极少数的情况下，在自满情绪的缝隙中，也会有一小部分热衷于变革的人存在，这些人确实认同重组或精减人员的变革方向。如果让这些领导人来运营一家公司，他们有时甚至会收购一家公司，然后推行新的薪酬体系。但是，无论他们多么努力，恩威并施地推动变革，如果其他人没有同样的紧迫感，变革的势头迟早会被压制下去。人们如果认为一个变革项目是没有必要或错误的，他们会有无数种巧妙的方法回避这个计划。

一个自满的案例

一家大型全球化制药公司在过去的几年中饱受困扰，无论是销售收入，还是净利润增长都没有达到预期目标，公司面临非常大的压力，尤其是在经历过一次大规模的裁员之后，士气大受影响。公司股价回到了 6 年前的水平。客户对产品的抱怨程度与 20 世纪 80 年代相当，一

个重要的老客户也越来越不满。一些机构投资者扬言要
撤资,任何一个举措都可能导致股价下跌5～10个百分
点。这家公司曾经有过辉煌的历史,在前些年还取得过
出色的成绩,所有这些反而让公司目前的处境更加令人
沮丧。

人们可能希望看到,像这样一家处在生死竞争中的
公司,其总部的情景一定如第二次世界大战题材影片中
展示的,忙碌的作战指挥室,每两分钟就有将军大声地
下达命令,成千上万的士兵24小时整装待发,随时准备
对敌发动攻势。但实际上,在参观过这家公司之后,人
们完全没有这样的感受。这里没有所谓的作战指挥室,
将军们发号施令的速度也远没有那么快。在8小时的上
班时间里,你看不出员工有任何紧张的迹象,更别说24
小时了。整家公司没有如临大敌或是激烈的竞争已经让
公司处于生死存亡的紧要关头的感觉。人们没有强烈的
使命感。用来对付竞争者的武器很落后,致命的武器都
用来对付内部了:员工与管理者之间相互攻击,销售部
门与生产部门相互攻击,等等。

我们在与员工一对一的谈话中发现,每个人都承认公
司确实存在严重问题。但是,在承认有问题之余总是带个
"但是":"但是"整个行业都有同样的问题;"但是"我们
正在进展之中;"但是"问题不在我们部门,而是在其他

部门；"但是"我们无能为力，因为上司比较顽固，等等。

如果有机会参加该公司典型的管理层会议，我们会开始怀疑我们所发现的那些存在于公司的税务、收入、股票价格、客户投诉、竞争格局、士气等方面的问题是真的存在吗？在这些会议上，大家很少会提到严峻的现状。节奏总是很轻松。讨论的是一些无关痛痒的问题。大多数参与者没什么激情。只有在某位经理想夺取其他部门的资源，或指责其他部门的工作时，讨论才会热烈起来。最令人难以置信的是，你还经常能够听到某些人在声情并茂地歌颂形势一片大好。

在这家公司待上两天，我们就开始怀疑自己是否进入了一个异象地带。

在这家充满了自满情绪的公司中，变革的动力一开始就被扼杀了。当有人在会议上暗示新产品开发周期过长已经影响到公司的发展时，过不了20分钟，讨论的主题就会被转到别的地方去，不会有任何实质性的活动来缩短开发周期。有人提出新的信息技术方法，但是过一会儿人们就开始为IT部门及其老掉牙的系统歌功颂德。即便是CEO提出了变革的思路，这种想法也会很快被淹没在自满情绪的海洋中。

如果你认为这个故事与你无关，因为你的组织中并没有这样的问题，我强烈建议你观察得更仔细一些。这种情况随处可见。信贷部情况一团糟,他们却不承认存在任何问题。法国分公司业绩下滑,但那里的管理层却似乎对公司现状极其满意。

我也记不清有多少次,高管们声称,管理团队所有成员都已经意识到了变革的必要性,但我却发现团队中几乎半数都认为情况并没有那么糟。在公开场合,他们会附和老板,私下里他们却有不一样的想法:"低潮期结束后,一切都会好起来的。""一旦去年的成本缩减计划开始起作用,我们的绩效就会上升。"当然也少不了:"其他部门的问题更大,我们的部门还可以。"

提问:这种自满情绪的隐患究竟有多大?

回答:后患无穷。

自满的来源

提问:为什么人们会有自满情绪?

回答:原因有很多很多。

当我给那些 25 岁左右的 MBA 学生讲解这类由于自满情绪高涨而导致公司陷入困境的案例时,学生们通常会认为,这些公司管理团队的平均智商只有 40。他们认为:如果公司已经陷入困境,而管理者还没有任何危机感，那么这些管理者肯定是一群笨蛋。他们建议：解雇他们，雇用我们。

MBA 学生认为自满就是不称职的观点与我的经历不符。很多时候，缺乏紧迫感的情况也会发生在那些高智商、用意良好的人身上。我还十分清楚地记得，曾经参加过一家运营效率极低的欧洲公司的一次会议，与会的都是高层管理人员，在会议上欣赏到的精彩辩论可以与哈佛的辩论赛相媲美。出席会议的人也确实大部分都毕业于世界名校。但遗憾的是，无论是所谓的竞争者错误分析，还是抽象的战略研讨，他们都没有涉及公司最关键的问题。毫无疑问，整个会议没有做出任何有结果的决策，因为不对真正的问题进行讨论是没有办法做出重要决策的。我很确定，当天与会的人员对这种讨论结果不会感到满意。他们并不愚钝。但是，他们认为这种会议可以接受，因为如果按 100 分制来衡量他们的紧迫感，平均得分在 50 分以下。

至少有九种原因可以解释这种自满情绪（见图 3-1）。第一，没有面临重大和可见的危机。公司并没有亏损，没有人受到大规模裁员的威胁，也没有走到破产的程度，竞争对手还没打到家门口，媒体也没有无休止地报道关于公司的负面消息。作为一个理性的分析者，你也许会认为只有当公司的市场份额和利润正在不断下降时，才是面临着危机，但这是另一个问题。这里说的是：员工并没有看到实实在在的威胁，这是他们没有紧迫感的原因之一。

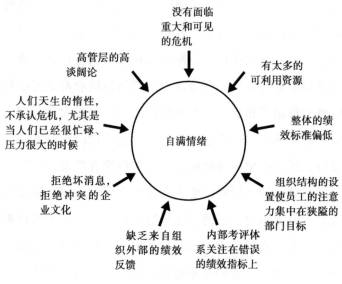

图 3-1　自满情绪的来源

第二，会议的现场总是布满成功的荣耀。九米多长的古典桃木会议桌价格不菲，足可以换来三辆全新的奥迪或是别克。豪华的墙纸、羊毛地毯和考究的装潢确实会让人觉得符合它们昂贵的价格。总部的办公环境，尤其是高管的办公区也同样奢华：大理石、高级木材、厚厚的地毯，还有很多高级油画。这些迹象所传递的信息非常明确：我们很有钱，我们是市场竞争中的胜利者，我们所做的事情都是正确的。所以，放松一点好了，去用午餐吧。

第三，管理者衡量自我表现的标准远低于其应有的水平。在公司里走一圈，你会听到人们提到十次"利润比去年上升了 10%"，却没有人说，这样的利润水平比 5 年前下降了 30%；与此同时，整个行业的利润率比去年同期提高了 20%。

第四，整个公司的组织结构让人们把精力都投入到狭隘的部门目标上，而不是整个公司的绩效上面。营销部有自己的指标，生产部有另一套标准，人力资源部也有不同的目标。只有 CEO 本人对公司整体的销售、净利润以及投资回报负责。所以，当整个公司的业绩下降的时候，没有人会认为自己应当负责。

第五，人们建立了种类繁多的内部计划和控制体系，以便完成各自所在部门的目标。该公司的营销部员工告诉我，他们去年完成了 94% 的任务指标。他们典型的目标往往是：在 6 月 15 日以前完成新一轮的推广活动，但不认为增加某个产品线的市场份额是一个合适的目标。

第六，人们所得到的绩效反馈信息几乎全部是来自组织内部，很难听到来自外部利益相关者的信息。普通经理和员工可能一个月也遇不到一个不满意的客户、愤怒的利益相关者或是沮丧的供应商，有的人可能工作了一辈子却从来没有直接听到来自不满的外部利益相关者的信息。

第七，当有进取心的年轻员工走出去，试图收集外部的反馈信息时，他们通常会受到内部的敌视。在那样的公司文化中，这种行为被认为是不恰当的，因为可能会伤害到某些人、降低士气或是引起争执（这种争执其实是忠于事实的讨论）。

第八，人们倾向于否定自己不愿意听到的事情，这也助长了自满情绪。没有问题的生活更愉快，有问题的生活更难过。我们中的多数人在多数时候认为，我们面临的挑战已经够我们忙碌的了。我们不想再增加工作负担。所以，当有迹象表明有大的问题会出现时，只要有可能，我们总是愿意视而不见。

第九，那些没有受到上述前面八种自满情绪影响，对公司的前途非常关心的人，通常会被高管所谓的"愉快的谈话"拉回到错误的安全感中。"当然，我们确实面临挑战，但是，也要看到我们也取得了很多成绩。"20 世纪 60 年代的人肯定还记得这方面的一个可怕案例：当时有很多报告声称美国在越南战争中正在取得胜利。尽管有些时候，这种高调是言不由衷的，但它通常是自大文化的产物，而这种自大文化又是躺在过去功劳簿上的结果。

目前所产生的众多问题都与历史上获得的成功有关，无论是对公司整体，对部门，还是对个人而言都是如此。曾经的胜利给人们提供了太多的资源，降低了人们对危机的敏感程度，让人们不思进取。对于个人而言，已有成绩让人们产生自负的情绪；对于公司而言，则会影响公司的文化。自大、傲慢的文化会助长上述九种导致自满的因素。在它们的共同作用下，即便在出色管理者领导下的公司，面对强有力的挑战时，紧迫感也不会很强。

我认为我们总是假定，要是其他人也能像我们一样是强有力的、警觉的行动者，自满情绪就不会存在；或者我们会认为，大部分人都是很优秀的，我们所要做的事情就是告诉他们产品质量出现问题，财务报表上的盈利数字正在下滑，或者缺乏高效率的增长，他们就会有变革的紧迫感。在上述两种情况中，我们都低估了所有公司存在的这些难以察觉而又自成体系的自满情绪的力量。面对重大变革的一个重要原则就是：千万不要低估强化自满情绪或维持现状的所有因素的力量。

树立紧迫感

树立紧迫感，需要我们切断自满情绪的源头，或是把其影响降低到最低限度。例如，在公司中消除过度浪费的行为；为正式的计划流程和非正式的日常交流设定更高的标准；改变那些关注错误指标的内部考核体系；让每个人更多地获得外部绩效反馈；奖励那些在会议上敢于直言和敢于面对问题的人；从上层开始杜绝毫无根据的乐观言论。

当面临公司再造的挑战时，任何有能力的管理者都会采取以上措施，但他们做得还远远不够。他们可以把客户组成的座谈小组请到每年的管理会议上来，却不能让员工都重视每周或每日的客户投诉。年度管理会议可能不算豪华，可 CEO 的办公室却是超级豪华的，说不定连路易十六住的办公室都相形见绌。公司执行委员会的会议上，也许会有几次开诚布公的讨论，但是公司的内刊出现的却仍然是皆大欢喜的报道。

树立强烈的紧迫感通常需要采取大胆甚至冒险的行动，而这通常都需要优秀的领导力。一些温和的行为，例如，邀请客户代表参与年度管理会议，面对自满情绪所迸发出的压倒性的强大力量，也只能以失败告终。大胆的行为，意味着清理资产负债表，应对当前季度的巨大亏损，卖掉公司总部，搬到更像作战指挥中心的地方去办公；或者告诉所有业务条线，它们必须在两年的时间内成为市场上的数一数二，否则就撤销或关门；或者最高层的十位管理者，只有在公司达到某个有挑战性的产品质量标准后，才能拿到另一半的薪酬；或者聘请咨询公司去收集真实的信息并在会议上讨论，尽管你也知道这样的战略会使某些人感到极不舒服（九种增强紧迫感的方法如表 3-1 所示）。

表 3-1　如何增强人们的紧迫感

1. 创造一种危机，例如，允许一定的亏损，让管理者看到与竞争对手相比的重大弱点所在，或者让错误及早显现出来而不是到最后一刻才改正
2. 杜绝明显的铺张浪费（例如，公司自有的度假村、大型航空队、专业级的高管餐厅等）
3. 在公司收入、利润、生产率、客户满意度和生产周期等关键指标方面设定较高的目标，让人们不能轻易完成
4. 不再从单个部门目标的角度来衡量绩效，要让更多的人对公司的整体运营状况负责
5. 让更多的员工了解更多关于客户满意度和财务状况的信息，尤其是能显示出公司在竞争中处于劣势的信息
6. 坚持让人们定期与不满意的客户、供货商和利益相关者进行交流
7. 利用顾问公司或其他渠道让大家了解更多的信息，并在公司的管理会议上进行坦诚的讨论
8. 在公司的刊物和公司高层的演讲中更多地讨论实实在在的问题，杜绝高管层粉饰太平的言论
9. 向人们的大脑中灌输大量的关于未来机会的信息，让人们知道投身于这些机会才能获得更大发展，但公司目前还不具备抓住这些机会的实力

我们通常不会看到这么大胆的行为，因为我们生活在一种管理过度而领导不足的氛围当中；在这种环境下，那种大胆的行为被认为是不恰当的。如果经理们已经为某个公司服务了很多年，他们也会担心因为制造了引人瞩目的问题而受到责备。因此，通常只有当某个新人担

任了某个重要的职位时才会出现变革，这并非偶然的巧合，而是因为新人无须护卫自己过去的行为。

管理型文化的核心理念是一切尽在掌控之中。在这种文化环境获得晋升的管理者，他们很难采取措施增强紧迫感。减少自满情绪的大胆行为可能会引起冲突，使人们焦虑不安，至少在一开始是这样的。真正的领导者敢于做出这样的尝试，因为他们有信心，相信这种大胆行为所释放出来的能量必然会导致积极的重要成果。而对于那些在岗位上兢兢业业谨慎工作了三四十年的经理来说，这些增强危机意识的做法实在是太冒险或者太愚蠢了。

如果高管层都是由这些谨慎的管理者组成的，那就没有人会有效地推动危机感的增强，重大变革也就永远不会成功。在这种情况下，董事会就有责任找到合适的经理人并且让其担任重要职位。如果他们回避这个责任，正如他们有时候所做的那样，他们就没有完成董事会最重要的工作。

危机的作用

明显的危机对于唤起人们的注意力并提高危机意识很有帮助。人们不可能在房子着火了之后还若无其事地工作。但是在这个飞速发展的世界，坐等火烧房子是一种错误的战略。火灾除了唤起人们的注意之外，还会造成很大的破坏。

因为经济损失是十分显而易见的，人们因此认为，除非组织的问题大到将产生难以估量的重大损失，否则变革难以推动。这个结论可能适用于某些情况，但在大多数情况下都不适用。

我见过一些公司在创造利润高点时，还成功地实施业务重组或质量提升项目。它们能够做到这一点，是因为它们通过爆炸式的信息风暴向员工灌输公司存在的问题（虽然利润提高了但是市场份额下降了）、潜在的问题（一个新的竞争对手好像有什么攻击性的举措）或是潜在的机会（通过科技的进步或是新的市场开拓）；它们建立了改变现状的宏伟目标；它们消除了过度的奢华、粉饰太平的言论、误导性的信息系统等。在公司运营良好的阶段让人们保持对危机的关注非常不容易，但也不是不可能的。

日本有一位非常优秀的企业家，在他的公司达到利润高点时，仍然制定了极高标准的5年计划，以防止管理层产生自满情绪。当人们对已经取得的成就稍微有点洋洋自得的时候，他就会说："在4年之内，我们要使收入翻一番。"因为他的信誉，员工无法忽视这些宣言。因为他所设定的目标从来都不是空穴来风，而是经过了深思熟虑，考虑了人们在激励之下能完成什么样的目标，因此他的想法总是合情合理的。在说明这些目标的原因时，他会把目标与管理团队的基本价值观结合起来。因此，他的每个 5 年目标就会像一个个小炸弹，定期把人们的自满情绪清除得一干二净。

真正的领导者经常会创造这些人为的危机，而不是坐等真正危机的到来。举个例子，哈里没有按他一贯的风格与他的经理们就计划方案争论不休，而是决定接受那些不现实的收入与成本预测。结果收入下降了30%，引起了每个人的注意。同样，另一个经理海伦接受了在她看来并不现实的一个新产品开发计划，听任事态在她眼前爆发——当然这一切并不是出于一时糊涂。结果是显而易见的：计划无法继续下去。

一些人为的危机通过造成财务上的损失而达到警醒大家的目的。一家知名公司的 CEO 清理了一份资产负债表，投资了一些新的项目，于是资产负债表上出现了将近 10 亿美元的负债。但这是一种极特殊的情况，这位 CEO 与公司签订了长期的合同，而且这个公司在资金上是很充裕的。

大的财务危机所带来的问题是，无论这个财务危机是自然产生的还是人为造成的，危机总是会占用公司有

限的资源，留下更小的应变空间。在损失了 10 亿或 20
亿美元之后，你是引起了人们的关注，但同时，你也没
有了启动新项目的资金。即使在自然产生的财务危机下
进行变革会容易一些，但若有其他选择，人们还是不愿
意等待财务危机的发生。人为造成的财务危机会稍好一
点。但最好是能在不造成实质性损失的情况下，帮助人
们看到现状当中可能存在的危机。

中基层管理者的角色

如果需要变革的是大型公司基层的一家工厂、一个
销售办事处或一个工作单元，那么中基层管理者就会成
为变革的主导力量。他们需要多一点紧迫感，少一点自
满情绪，他们需要建立变革小组，设定指导性的愿景，
并以这个愿景说服其他人，等等。如果他们具备足够的
自主权，那么可以直接这样做，而不用管组织其他部门
的情况如何。但条件是，他们必须有足够的自主权。

如果没有足够的自主权，同时公司中自满情绪盛行
的话（这种现象非常普遍），这种小范围内的变革在一开
始就注定会失败。组织中更广泛的惯性力量迟早会阻断
基层部门的变革项目。在这种情况下，贸然推动变革前
进是一个非常可怕的错误。一旦人们意识到了这一点，

他们就会认为他们除了坐等公司高层提供更强有力的领导之外，什么也做不了。于是他们什么也不做，听任惯性的力量变得更加强大。

掌握权力的高级管理者通常会扮演破除自满情绪惰性的关键角色。但也并不总是如此。偶尔也会有一些有胆识、有魄力的中基层管理者充当创造变革条件的先行者。

我比较欣赏的一个案例是，一位在旅游服务公司任职的中层管理者曾经单枪匹马地把相关数据直接呈送给公司的高管层，向他们说明公司正面临日益严峻的竞争形势。她启动了一项非常规任务作为聘请顾问公司的理由——通过新的销售渠道推广一项产品。在她幕后的鼓励下，顾问公司提出，如果公司不从根本上解决一些固有的问题，那么使用新的销售渠道是不可能获得成功的。她的同事看到这件事情的结果以后，争相掩盖，她却勇往直前。因为她有政治头脑，她把大部分人们出于否定和愤怒而产生的指责都转嫁给了顾问公司。面对这些指责她会说："这的确也让我感到吃惊。是顾问搞砸了，还是发生了什么重要的事情？""真是令人难以置信，他们怎么把报告给了领导，我们并没让他们那么做啊。""你相信这些吗？格里和艾丽斯也相信。你们三个讨论过这些问题吗？"

高级管理人员的谨小慎微、安于现状，往往会使下层的勇敢变革归于失败。但是，我从没见过有哪个公司的高管层是全都反对变革的。哪怕是在最糟糕的情况下，至少也有两三成的人会认为公司还有潜力可挖，想做点实事，只是没有机会这样做。中层管理者的积极性可以给高管们一个机会去抵制自满情绪，而不被视为缺少团队合作精神或是挑拨闹事。

当一家公司需要变革，而高层管理者不能引领时，那些没办法提升公司紧迫感的中层管理者可能会考虑离开公司。在今天的经济环境中，人们往往依附于他们的公司，即便公司已没有任何未来前景。他们会自欺欺人地认为，经过各轮裁员以后，他们会幸运地获得薪酬和医疗福利。这种态度是可以理解的。但是在21世纪，我们所有人都需要在职业生涯中不断学习和成长。自满的组织中问题之一是僵化和保守，这会让人的学习受到阻碍。

执行严格的制度，但人们很难学到东西，紧迫感很低，这种战略最多也只是一种小范围的短期战略，无法领导组织和个人实现长久的成功。

多少紧迫感才足够

无论变革是怎样开始或是由谁发起的，许多公司发现变革过程的第 2 ～ 4 步很难取得大的进展，除非大多数经理都心悦诚服地认为现实中的问题是无法容忍的。把变革推进到第 7、8 步则需要更大的决心，它需要绝大部分的员工，约 75% 的管理者和全部的公司高层都认为变革是非常必要的。

　　初期的变革在紧迫感不太强的情况下也可以进行，但一开始就对自满情绪进行大刀阔斧的变革难免引起人们的焦虑不安，所以，大家都倾向于跳过第 1 步，直接从后面的步骤开始。我看到过一些人，在实施变革时，是从建立领导团队或树立愿景开始的，甚至是直接进行变革（重组、裁员、收购）。但是惰性和自满情绪的问题却总是如影随形。有时候，这种变革很快就碰壁了，因为在没有树立紧迫感的前提下，很难组织起一只强有力的团队去领导变革。有些时候，人们可能在维持现状的情况下持续很多年——期间还可能进行一次收购，促进增长，让人们小有成就，但过后才发现，各种计划都在走下坡路。

　　即使人们的重大变革工作是从减少自满情绪开始的，他们也常常试图说服自己这个工作已经做到位了，而其实他们所做的还远远不够。我见过一些很有能力的人也犯过这样的错误。他们总是找那些赞同他们观点的人去征求意见："我们都已经做好准备工作了。每个人都知道现在的状况必然要进行变革。大家的自满情绪已经不严重了。菲尔、卡罗尔，我说的没错吧？"他们没有打好基础就仓促前进，最终却为此而遗憾。

当局者迷，旁观者清。我们可以去请教客户、供货商和利益相关者的想法。这种紧迫感是不是已经足够了？自满情绪是不是已经削减到一定程度了？不要只和那些与我们同样想回避现实的同事探讨这样的问题。也别只问局外的为数不多的朋友。去和那些了解我们公司的人谈，甚至是那些对我们公司持有异议的人。最重要的是要鼓起勇气认真地听取他人的意见。

如果我这么做了，我就会发现，有些人并没有获得足够的信息去提供一个公允的意见，而有些人则怀有私心。但是如果能和足够多的人交谈，我就能发现所有这些问题。关键是要把内部意见和外部收集的反馈信息结合起来。在飞速发展的当今社会，"当局者迷"是一个致命的错误。

CHAPTER 4

第 4 章

组建领导团队

▼

重大变革常常与一位重要人物相关。谈起克莱斯勒公司 20 世纪 80 年代初的起死回生，我们就会想到李·艾柯卡（Lee Iacocca）。提到沃尔玛从无足轻重的小公司成长为行业领袖，我们就会想起山姆·沃尔顿（Sam Walton）。阅读 IBM 成功转型的故事，我们就会想到故事的主角郭士纳（Lou Getstner）。由此，我们很快得出结论，成功的变革一定取决于某个具有传奇色彩的领导人。

这种想法非常危险。

因为重大变革的完成是一个十分艰难的过程，持续推动这个过程的完成需要强大的力量。没有哪个个人，即便是强有力的最高领导人——CEO，也不能单枪匹马设定正确的愿景，与众人沟通愿景，消除所有的障碍，创造短期的胜利，领导和管理众多变革项目，并将变革的成果融入组织的文化。更不用说弱势的领导团队，只会让情况变得更糟。强有力的领导团队是变革成功的必要条件，这个领导团队必须结构合理，成员之间相互信任，抱有共同的目标。无论是进行公司结构重组、流程再造，还是战略调整公司，建立这样一个领导团队都是变革初期的首要任务。

单枪匹马：孤立无援的 CEO

一家食品公司在 1975—1990 年曾有过一段辉煌历史。后来，随着行业的变化，公司业绩严重下滑。

公司 CEO 亨利非常能干，他的能力当中 20% 是领导能力，40% 是管理能力，其余部分是资本运作能力。通过精明的收购和控制成本，他领导这家公司成功前行。20 世纪 80 年代末，整个行业发生了变化，他试图进行变革，以适应外部的变化。但他沿用了 15 年来一贯的领导风格——像个有顾问的“国王”。

“国王”亨利有一个高管团队，但这个团队只是一个信息收集和资源分配的小组，而不是决策团队。实

际的工作都是在高管团队会议之外进行的。亨利通常
在他自己的办公室里独自决策。他会把他的想法告诉
夏洛特，并听取她的意见。他也会与弗兰克一起进餐，
问几个问题。他会和阿里一起打高尔夫球，并听听他
对某些想法的反应。但最后，他还是自己做决策。他
会根据这个决策的性质，在会议上直接宣布，或者如
果问题很敏感，他就把下属一个一个地叫到办公室，
单个告知其决策，再根据需要由下属把这个决策告诉
其他人。

这个方法在 1975—1990 年是非常有效的，其原因
至少有如下四个：其一，当时亨利所面临的市场变化还
不是很快；其二，当时他对行业非常了解；其三，他的
公司在行业内的地位非常稳固，即便有些决策错误或是
延迟，也不会带来非常大的风险；其四，亨利本身非常
能干。

但是，该行业发生了重大变化。

在 1994 年他退休前的 4 年时间当中，亨利一直努力
运用它多年来屡试不爽的方法推动公司转型。但是这一
次，这些方法却不起作用了，因为他所面对的决策的数
量和性质与以往大不相同了。

在 1990 年以前，问题总体来说比现在的更小，也
更少一些，没有那么复杂，也没有太多的情绪波动。一

个出色的领导者，运用一对一的讨论模式，就可以制定正确的决策并付诸实施。但是随着行业的变迁和公司内部对于变革需求的增加，决策的范围扩大了，决策的速度加快了。作为个体，就算是非常杰出的领导者也很难处理好所有的决策。决策的制定和沟通太慢了。决策往往是在大家对问题还没有充分理解的情况下做出的。员工被要求做出某些牺牲，尽管他们并不明白为什么要这样做。

两年之后，事实证明亨利的做法并不奏效。但他不但没有改变自己的做法，反而更加独断专行。在经历一次颇有争议的并购和痛苦的裁员之后，他在公司董事会的压力之下，极不情愿地退休了。

空中楼阁：威信不高的领导团队

这种情况我经常见到。变革的最高领导者是人力资源副总、质量管理总监或者是公司战略规划部总监。一些人说服老板任命某个人来负责一个任务组，其中有来自好几个部门的成员，还包含一两位外部咨询顾问。这支变革领导团队里也许会有公司内冉冉升起的新秀，却没有公司领导层中的重量级人物。公司的前15位领导人中，只有2～4位参与到这支团队中来。

由于有一位非常活跃的领导者，变革团队还是取得了一定的进展。但是这个领导团队中上上下下的政治动物们很快就发现，要获得长期胜利的可能性非常小，于是开始减少他们的参与度和投入度。因为这支变革团队中的每个人都非常忙，而且他们中的一些人也不确定把时间花在变革上是不是最有意义，所以要在满满的日程表中挤出时间来参加诊断公司问题的会议，并和其他成员建立信任变成了不可能的事。不过，变革团队的领导者还是拒绝放弃，仍在努力创造显著的成果，因为他对公司和员工都忠心不二。

过了一段时间，整个变革的推进工作事实上只是由一个三四个人的小分队在实施——主要由项目负责人、顾问和一位年轻的激进者组成。其他的成员只是对这个小分队的想法随声附和，但对于整个进展再也没什么投入了。不久之后，问题就显现出来了：整个团队没办法对某项建议达成共识，大家对领导团队的建议充耳不闻，想法在实施的过程中遇到消极抵抗。经过艰辛的努力，这个领导团队还是做出了部分成绩，但是他们只能缓慢地推进了。

总结失败的教训，这支任务小组之所以没有完成变革任务，是因为他们从来没有建立起一个真正的领导团队，建立起对问题与机会的共同理解和对变革的共同承诺。从一开始，这支团队就没有足够的权威来对公司进行强有力的领导。没有权威，就好比在一辆18轮的卡车上安装了一部割草机用的引擎。

与此同时，随着公司变革的失利，公司在行业中的竞争力也在削弱，与行业领导者的距离也越来越远。

跟上变革的步伐：团队

这两个案例的中心问题是，两个公司都没有考虑到变革过程中市场和科技发展的速度。在一个竞争不激烈、发展缓慢的行业中，差强人意的变革领导团队可以使公司以一个勉强的速度适应市场的变化。领导团队提出一些建议，关键部门的经理拒绝采纳其中的大部分建议。领导团队提出更多的建议，整个公司才向前迈进一小步。然后领导团队再继续努力下去。如果竞争和科技的变化是有限的，这种模式还是可以起到一定作用的。但是在飞速发展的当今社会，差强人意的领导团队是无法取得成功的。

在发展缓慢的社会中，一位独裁的老板只要通过分别和夏洛特、弗兰克、阿里交谈，并考虑他们的意见，就能进行一场必要的变革。他还可以回头再找他们，获得更多的信息。然后做完一个决策后，再向他们推销这个决策。这里信息的流动是有序的。如果老板确实有能力而且时间充裕的话，这种方法是可以奏效的。但是在一个飞速发展的社会里，这种单线式的行为方式就不能奏效了，因为它的反应速度太慢了。它让决策者无法获得实时的信息，而且让决策的执行更加困难。

如今的商业环境无疑需要一种新的决策流程（见图 4-1）。在飞速发展的世界，个人和弱势的领导团体都没办法获得做出好的非常规决策所需要的所有信息。同样，他们也不具备足够的威信号召其他人为了推动变革做出牺牲。只有构成合理并且成员之间彼此信任的团队才能在新的环境下做出有效的决策。无论是基层的生产线、新产品的开发过程还是组织的高层，在实施变革时，这一原则都是适用的。有效的领导团队可以获得更多的信息，并做出迅速的反应，也可以加速新方法的推广，因为掌握权力的人能够直接了解信息并制定关键的决策。

那么为什么公司不更多地利用团队去推动变革呢？从某种程度上来讲，其中的一个因素是利益冲突。团队是不会升职的，但是个人可以升职。而且个人需要很好的业绩记录来获得职业晋升。类似于"我曾经在某个团队中工作过……"的说法，在很多地方都是没有市场的。

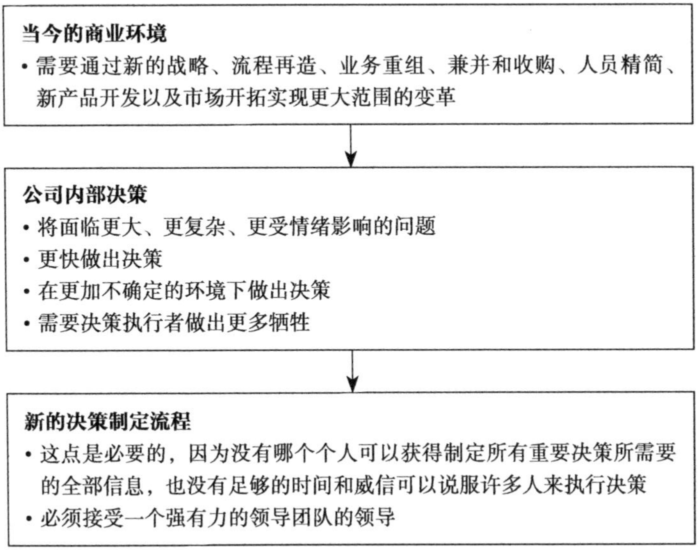

当今的商业环境
• 需要通过新的战略、流程再造、业务重组、兼并和收购、人员精简、新产品开发以及市场开拓实现更大范围的变革

公司内部决策
• 将面临更大、更复杂、更受情绪影响的问题
• 更快做出决策
• 在更加不确定的环境下做出决策
• 需要决策执行者做出更多牺牲

新的决策制定流程
• 这点是必要的，因为没有哪个个人可以获得制定所有重要决策所需要的全部信息，也没有足够的时间和威信可以说服许多人来执行决策
• 必须接受一个强有力的领导团队的领导

图 4-1 当今商业环境下的决策

但在更大程度上，这个问题也与历史相关。大多数高级管理人员都是在团队合作不是很重要的时期被提拔的。虽然他们也会把团队合作挂在嘴上，引用体育赛事中团队合作的例子，但他们实际上是官僚主义的——最典型的是，1 个领导者有 8 个直接下属。他们看到许多团队协作并不奏效，事情的进展反而更加缓慢时，他们宁愿坚持原来的模式。尽管长期看来，这种模式越来越不能适应实际情况的需要。

其结果就是：在很多流程再造和战略调整的过程中，人们轻易地就忽略了这一步骤或是对这一步骤给予很少的关注。他们直接跳过这一步去建立愿景，或者精减人员，或是开展其他活动。但是他们迟早会发现，没有一支强有力的领导团队将成为一种致命的缺陷。

组建领导团队

组建领导团队的第一步是选择合适的成员。有四种关键特征对于有效的领导团队是至关重要的。

（1）职权：有没有足够多的关键人物参加，尤其是那些部门经理？这样，其他人才无法阻碍变革的进程。

（2）专长：他们是否能够挖掘和吸收不同人群（包括不同的专业背景、工作经验和国籍等）的各种观点，从而能够在充分掌握信息的情况下，做出明智的决策？

（3）信誉：领导团队中是否有足够多的成员在公司内部有良好的口碑，让其他人会认真对待他们的决定？

（4）领导力：领导团队是不是包含了足够多的经验丰富的领导人，能够推动变革的进程？

最后这一点——领导力——是非常重要的。变革的领导团队既需要管理能力，也需要领导能力，它们必须结合起来。管理能力能够掌控全局，领导能力可以推动变革的进行。（图 4-2 中描述了领导和管理的几种组合方式，有些能起作用，有些不起作用。）

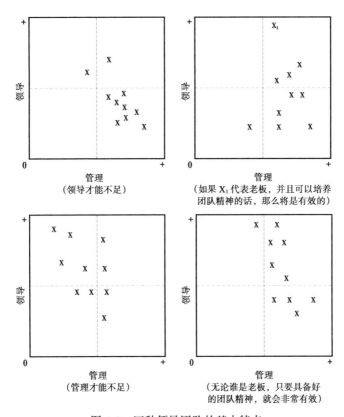

图 4-2 四种领导团队的基本特点

　　有众多优秀的管理者，而缺乏优秀领导者的领导团队，是不会成功的。只有管理的头脑，就只能建立计划而不能树立愿景，而且远远不能把变革的需求和方向传递出去；只能对人们进行控制，而不是授权。但是，很多经历了成功的公司的文化却往往是管理思维，拒绝领导者和领导力。巨大的成功会创造一种势头，使公司需要更多的管理者来控制公司的成长，却很少需要领导力。在这种公司中，人们需要对这个问题引起足够的重视，否则领导团队会缺少这种关键能力。

缺少领导力的问题一般通过以下三种方式解决：从公司外部聘请高手；提升那些有领导才能的人；鼓励那些处于需要领导力的职位，却很少从事领导工作的人接受挑战。无论用什么方式来选拔领导，最终的结果应该是一样的：建立一支有领导能力的领导团队。不要忘记：一个只有管理者的团队，即便所有成员都是才华横溢的管理者，也同样会使得为变革所做的巨大努力付之东流。

有效领导团队的规模应该与公司的规模相匹配。变革一般始于两三个人。在那些小规模的公司或者大公司中的小组织中成功地推行一次变革，往往需要一支由6个人组成的领导团队。在大型的公司中，一般最后应该达到20 ～ 50人的规模。

必须避免的人和需要加强管理的人

有两种人是无论如何都不应该被吸纳到领导团队中的：第一种是自负的人，一切都以自我为中心，不接纳他人；第二种是像蛇一样油滑的人，制造误解，破坏大家的协作。

在大多数组织的高管层中，大多数人都很自负。除非他们意识到自己的缺点，除非他们能够从别人身上取长补短，除非他们能克制自己的眼前利益转而追求更高的目标，否则他们对领导团队毫无用处。如果这样的人成为领导团队的主导者，我们就只能向团队合作和重大变革说再见了。

那种搬弄是非的人同样也是公司的一种灾难，不过其方式不同。他们破坏团队之间的信任，而信任是团队合作最重要的基石。他们喜欢搬弄是非，和萨莉说弗莱德的事情，和弗莱德说萨莉的事情，挑拨萨莉和弗莱德的关系。

搬弄是非的人和利己主义者，都可能非常聪明和积极进取，而且从某种角度来看也是非常高产的人。正因为如此，他们可以被提升到高级管理职位，并且很自然地成为领导团队的候选人。聪明的变革推动者通常都很善于发现这些人的问题，并把他们剔除出队。即使做不到这一点，优秀的领导者也会非常谨慎地观察和管理这些人。

另一种需要提防的人是不情愿的参与者。在一些具备高度紧迫感的公司里，让人们参与领导团队非常容易。但由于高度紧迫感并不多见，所以需要做出更多的努力来调动大家，尤其是那些对参与变革并不是很感兴趣的人。

杰里是一位大石油公司的区域 CFO。他工作勤勤恳恳，个性非常保守，更像是一位管理者而不是领导者。很自然地，他对是否需要重大变革充满了怀疑，认为这样做存在潜在的风险。但是他在公司已经兢兢业业地工作了 35 年了，很有地位，也很受人尊重，没有人能忽视他的存在。于是，事业部负责人在两个月的时间里花了很多工夫去说服他变革有多么必要，他的参与是多么不可或缺。尽管在劝说他接受的过程中，他还是不断地寻找借口，例如说他没有足够的时间和能力去参与变革。但在持之以恒的劝说下，他还是接受了。

也许将杰里这样的人排除在领导团队之外是一个看起来合理的想法。但如果他是公司的关键人物，享有很高的威望，这样做就难有成效。通常情况下，能否说服杰里这样的人去面对危机的决定因素，还是我们一开始提到的问题：紧迫感。他没有清晰地看到存在的问题和潜在的机会，他日常交往的人也是如此。有那么强的自满意识，是不可能说服他为领导团队的胜利贡献时间和精力的。

如果像杰里这样的人有利己主义或搬弄是非的倾向，那么劝说他离职或退休可能是唯一理智的选择。领导团队不需要他们，但也不能让他们在团队之外成为制造麻烦的源泉。公司经常不愿意直面这一问题，因为这些人具备特殊的技能或者政治背景。但是，如果不这样做结果会更糟糕，他们的存在会对整个战略或者公司文化发展造成破坏。

为了避免这些麻烦，我们会不断地说服自己，杰里并没那么差劲，我们还可以灵活应对他。于是我们跳过这个障碍，继续前进，结果只能因没有处理这个问题而责怪自己。

遇到这种情况，请记住：在太平时期完全可以忽略的人员问题，在当今这种竞争激烈、发展迅速、全球化的经济条件下，则很容易导致严重的问题。

在信任与共同目标的基础上组建高效团队

领导团队可以以多种方式进行团队合作。但无论用什么方式，有一个因素都是必须考虑到的，那就是信任。拥有人与人之间的相互信任，团队合作就会很容易。没有信任，团队合作就不存在。

在很多组织，人与人之间缺乏信任。那些在一个部门终其一生的员工，通常被教导对自己的部门尽忠职守就可以了，要对其他部门保持警惕，尽管彼此都是组织的一员。缺少沟通和很多其他因素都加深了本来就不该存在的敌对情绪。于是，工程师们都用充满疑虑的眼神看待销售人员，德国分公司看待美国总公司也带着几分傲慢，此类情况比比皆是。

当从不同部门提拔上来的同事需要一起领导变革时，他们进行团队合作通常会经历很多困难，因为彼此间还缺乏信任。这种狭隘的诸侯思想会阻碍变革的实现。

仅从信任这一方面，就可以判断某些行为是否能最终建立一支符合现实需求的领导团队。如果在建立团队的过程中，大家在信任的基础上相互理解，相互尊重，相互关心，那么团队的成功组建就指日可待。否则，团队的组建就很难成功。

40 年前，公司一般都是通过非正式的社会活动来促进团队组建。领导者组织家庭聚会，一起打高尔夫球，开圣诞派对，共同进餐。所有的社会关系都是建立在相互理解和信任的基础之上的。

这种以家庭活动为基础的社会活动仍然是建立团队的一种方式，但在当今社会，这种方式会产生一系列的问题。首先，建立团队的过程会非常缓慢。这种偶尔才会举行的社会活动并不是以建立团队为首要目标的，所以有可能要 10 年甚至更多的时间才会起作用。其次，这种方式一般适用于那种夫妻只有一方工作的家庭。但目前大多数家庭都是双职工，很少有人能有足够的时间去经常参加两个不同群体的社会活动。再次，这种建立团队的方式会产生一种趋同性。政治观点、生活方式和爱好都趋于相同。持有不同观点的人必须认同大家的行为方式，否则就得离开这个群体。最终会导致狭隘的小团体主义。

当今的团队建设需要更快一些，成员应该更具多样性，而且也不必让家庭的双方都参与进来。认识到这些现实情况，目前被广泛采纳的一种方法是精心策划一系列工作场所之外的集会。组织一个 8 人、12 人或 24 人组成的小组，怀着组建一支团队的共同目的到某个地方待 3 ～ 5 天。他们可以相互交谈，分析问题，爬山，玩游戏，等等。所有的活动都是以增进相互了解和信任为目的的。

第一次使用这种方法建立团队的尝试大约是在 30 年前。当时看起来更像是一种快速却很低级的团队融合方法，通常效果一般。近些年，这类活动的重点发生了变化，融入了更多的智力活动以了解人们的思想，加入了更多的合作游戏以增进人们心与心的交流。人们对行业未来有更深远的探讨，并愿意同舟共济。

一种典型的脱产团队建设活动一般由 10 ～ 50 人组成，一起进行 3 ～ 6 天。由内部工作人员或是外聘顾问来进行规划。其中大部分时间用于鼓励队员就关于组织的想法和感受，以及所面临的机遇和挑战进行诚恳的讨论。人与人之间的沟通增多和加强了。智力和社会活动的主要目的都是增强人们之间的信任感。

但是，很多这样的团队建设活动难以达到预期的效果。对于为期仅仅 3 ~ 5 天的活动来说，有时候人们的期望值太高了，或者活动并没有经过专业的组织和策划。但趋势是明显的，我们已经越来越善于组织这种活动了。

举个例子：一位事业部总经理山姆·约翰逊，正试图在消费电子业务部门组建一支 10 个人的变革领导团队。这支团队包括：他的 7 名下属，可能成为变革中坚力量的一个部门总经理，总部的副总经理，以及他自己。他克服重重困难，终于为这 10 个人安排了一次为期一周的活动。他们首先进行了两天的户外拓展活动，整个团队在户外生存 48 个小时，进行了一些消耗体力的活动，如划船、登山等。这两天的时间，大家彼此熟悉了对方，并且知道了团队合作的重要性。第三天到第五天，他们住进了一家旅馆，对公司的竞争对手和客户的一些资料进行了分析，并紧张地进行了一系列讨论。他们从早上 7:30 一直工作到晚上 7:00，偶尔也按照安排分小组讨论。晚上 7:00 至 9:30，是他们的晚餐时间，在这个时间段里，他们可以谈谈个人的职业生涯，聊聊自己的构想以及其他的一些私人话题。在这个过程中，他们进一步增进了彼此之间的了解，并且能相互分享对于本行业的见解。这种日益增进的理解和关系是建立在完成任务过程中的相互合作，以及对行业前景的共同预期的基础之上的。

山姆知道这个为期一周的活动只是建立良好团队合作的开始，所以几个月之后，他又邀请所有团队成员参加了另一个聚会。两年之后，随着人员的更换和提升，团队的构成又有了变化。于是，他又精心策划了一次这样的活动。同样重要的是，除了这些显而易见的活动之外，他还创造了很多机会去帮助人们建立团队合作中最重要的信任感。那些谣言在及时准确的信息面前当然不攻自破。他还把相互了解最不够的人安排到其他工作组中一起合作，也经常为这 10 个人安排各种社会活动。

提问：这种活动容易安排吗？

回答：不容易。

这 10 个人中有两个人个性非常独立，他们不明白为什么要所有人一起爬山。其中一个人很忙，曾经一度以为挤出时间来参加这样的活动是不可能的。另一个人，极其以自我为中心。由于过去发生的一些事情，这两个人相处得也不是很融洽。尽管如此，山姆还是尽力克服了所有的困难，建立了这样的一个高效团队。

他之所以能够成功，是因为他非常看重事业部的绩效，他相信只有通过变革才能使业务在行业中处于领先地位，而要想成功变革，就必须有一支强有力的团队。从这个角度来讲，山姆是别无选择的。他必须建立一支相互协作相互信任的团队。他也确实做到了。

人们不能成功组建领导团队最常见的原因是，根本不认为变革是必要的，或者不认为需要一支强有力的团队来领导变革。建立团队的技巧并不是核心问题。如果领导者确实认为有必要建立一支领导团队，他们总会找到经验丰富的顾问告诉他们要使用什么样的技巧。如果没有这种信念，领导者有再多的能力和建议也是枉然。

除了信任之外，团队合作最重要的因素就是共同目标。只有所有的领导团队成员都有相同的目标，真正意义上的团队合作才成为可能。

在那些能把整个领导团队团结在一起的目标中，最典型的就是对创造卓越的承诺，即真正渴望让自己的团队尽可能地实现更高的目标。流程再造、并购以及公司文化变革的失败，通常是因为它们失去了明确的共同目标。取而代之的是，人们把更多的精力投入到自己的部门、分公司以及交友和职业发展上。

相互信任对于建立共同目标有极大的帮助。人们之所以不能全身心致力于创造全公司的卓越成就，主要原因是他们并不相信其他部门、其他分公司甚至其他领导者。他们是有顾虑的，而这种顾虑有时也合情合理，那就是如果他们大张旗鼓地提高客户满意度或是减少开支，其他部门并不会公平地分担所遇到的责任，那么本部门的人工成本就会暴涨。但是，如果相互之间的信任度提高了，建立一个共同的目标相对来讲就容易得多。领导力也有利于共同目标的建立。出色的领导者知道如何鼓励人们超越短期目标和狭隘利益。

推动变革发生

当你拥有相互信任、共同目标，以及合适的人时，就能组建一支强大的领导团队（见表4-1），他们就能排除万难领导变革走向成功。它至少具有了完成艰巨任务的潜力，例如，建立必要的愿景，广泛推广愿景，鼓励更多的人参与变革，保持团队的信誉，获得短期的胜利，领导并管理各个变革项目，将变革成果融入公司文化，等等。

需要再次强调的是，在经济发展缓慢、垄断程度很高，且全球化程度不高的环境中，上述变革流程似乎并不是完全必要的。但是，趋势很明显。今天，特别是在不远的未来，我们将会看到越来越多的组织努力实现变

革与转型。如果没有一支强有力的领导团队，变革将会
停滞不前，公司损失日益严重。

表 4-1　组建推进变革的领导团队

选择合适的人
- 组织中重量级领导人，具有广博的知识背景，以及很高的威信
- 具备领导能力和管理能力，尤其是前者

建立信任
- 通过精心安排的非正式活动增强相互了解与信任
- 通过大量的沟通和共同的经历

建立共同的目标
- 易于理解
- 激励人心

CHAPTER 5

第5章

设计愿景战略

▼

请想象这样一个场景：公园里有三组人，每组十位；当时正值午饭时间，大雨将至。

第一组中，有人说："站起来，跟我走。"说完起身就走，组内有几人看他走了，就跟了上去。但还有些人仍然坐在那儿不动。于是，那人冲坐着的人喊道："马上起来，跟我走！"

第二组中，有人说："我们现在必须得走了。我的计划是，所有人都站起来，向苹果树的方向走。请与其他人至少保持半米的距离，不要跑，小心不要将自己的东西遗漏，大家到树下集合……"

第三组中，有人说："还有几分钟就要下雨了。我们到那边苹果树下待着吧！这样我们就不会被淋湿，还有新鲜的苹果作为午餐。"

有时候，我感到很惊讶，竟然有那么多的人在尝试推进组织变革时运用上述例子中前两组人的方法，即发号施令和微观控制。这两种方法在20世纪被大量公司广泛应用，不过多数情况下都是为了维持现有系统，而不是为了改进现有系统。如果公司的目标是实现人的行为改变，那么除非老板非常有权势，否则即使是在"为了避雨躲到苹果树下"的简单情境，发号施令的方法也是不会奏效的。而在较复杂的情形下，这种方法更是无效。没有国王或王后式的人物在后面撑腰，发号施令不太可能让人们改变。人们要么对我的发号施令置若罔闻，要么阳奉阴违，甚至寻找一切机会破坏我们的努力。微观控制试图通过细化每位员工的责任，并对员工的工作进行监督来解决发号施令方式的弊端。这可以让人们改变，但所花时间长得让人无法接受。因为制定和传达细化的计划本身就非常慢，因此，采用这种策略推进变革往往收效甚微。在"苹果树"的案例中，只有第三种方法才具备冲破所有维持现状的力量的可能性，从而成功地推进变革（见图5-1）。第三种方法是建立在愿景的基础之上的，而愿景是所有伟大领导者的核心要素。

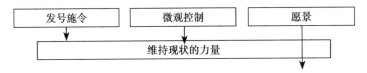

图 5-1　冲破对愿景的抵制

为何愿景是根本

愿景是一幅未来画面，其中明确或含蓄地揭示了人们应该为这样的未来努力的理由。在变革的过程中，好的愿景有三个重要的作用。首先，愿景明确了变革的整体方向，就像说："几年内，我们要覆盖南部地区市场。"愿景是成百上千个具体决策的概括。其次，它激励人们采取行动向正确的方向前进，即使开始时人们会经历痛苦。最后，它可以快速高效地帮助协调成千上万人的行动。

明确变革方向至关重要，因为人们对于实施大变革是否真的必要，往往存在意见分歧，或者感到困惑或怀疑。有效的愿景及其支持性战略可以使这些问题迎刃而解。他们会说："这是世界变化的趋势，我们有明确的理由设定这些目标，并经营这些新产品（或进行这次收购或采用这一质量改善计划），以实现这些目标。"方向清楚了，就不会出现无法制定决策的状况；关于一些问题的无休止的争论都会烟消云散，例如，是否要收购一家公司，是否应该出资雇用更多的销售代表，业务重组是否真的有必要，或国际化进程的速度是否足够迅速等。只需要考虑一个问题：这与愿景是否相符，就可以化解耗费数小时、数天甚至数月的痛苦争论。

同样，好的愿景可以帮助清理那些代价不菲、耗费时间的混乱状况。有了清晰的方向，组织就能够发现哪些项目不合适并及时终止它们，即便这些项目背后有政治性的支持，从中释放的资源可以用于变革的过程。

愿景的第二个重要功能在于激励人们采取一些不一定符合其短期利益的行动。合理的愿景所需要的变革几乎都会涉及阵痛。有时候，人们获得美好未来只需要付出较小的代价。例如"苹果树"的案例，人们只需要牺牲一分钟的舒适，走到树下就可以了。但在许多组织当中，越来越多的员工不得不走出舒适区，利用更少的资源来工作，学习新技能与新方法，甚至面临失去工作的威胁。面对这种情况，任何理智的人都很难热情高涨。但是，好的愿景可以为人们带来希望和动力，帮助人们战胜面对这些必须要做的事情时内心的不情愿。好的愿景首先承认做出一定的牺牲是必然的，但同时也清楚地表明这些牺牲会换来回报，而如果不进行变革的话，将来个人所付出的牺牲要比今天或明天的牺牲大得多。

有时候，组织需要大规模裁员，这种情况往往令人沮丧，导致士气受挫。即使在这种情况下，好的愿景也可以给人们一个有吸引力的理由，使人们为之奋斗。例如：如果我们仍按当前的状况发展下去，我们只有破产；如果我们裁员，就可保住一部分岗位；为顾客和供应商解决很多问题，也可以帮助数以千计的运用其养老基金或其他储蓄投资于我们公司的中产阶级家庭。

第三，愿景有利于团结人们，高效地协调受到激励的人们的行动。如果不提出愿景，代之以不计其数的细节指导和无休止的会议，行动的速度就会大大放慢，成本也会大大提高。有了明确的愿景，经理和员工就不必要凡事咨询老板或同事，他们自己就可以知道应该做什么。

第三点至关重要。变革过程中的协调成本可能非常高，尤其是当变革涉及很多人时。如果没有一个共同的方向，人们相互孤立，就会造成无休止的冲突，也会有开不完的会议。有了共同的愿景，人们在一定程度上就有了自主权，同时也不会互相干预。

有效愿景的本质

"愿景"一词宏伟而神奇，但能够成功指引变革方向的愿景往往是简单而平凡的。例如："马上就要下大雨了，我们到苹果树下避雨，然后吃点新鲜的水果当作午餐。"

愿景可以简单而平凡，至少在某种程度上是这样。因为成功的变革需要一个更大的系统，愿景只是其中一个因素，其他的因素包括战略、计划以及预算（见图5-2）。尽管愿景只是因素之一，但它却是至关重要的。没有愿景，战略制定过程中就会争议不断，而预算也就成为在前一年数字的基础上加上或减去5%的简单问题。更有甚者，如果没有好的愿景，即使战略再英明、计划再完善，也不会激发人们采取正确的行动来推进重大变革。

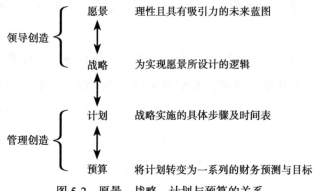

图5-2 愿景、战略、计划与预算的关系

无论听起来是否平凡简单，有效的愿景都至少具备以下六个特点（见表5-1）。首先，愿景会描述未来的活动或未来的组织，通常都是很远的未来。第二，愿景可以清楚地说明一系列最符合大多数利益相关者利益的可能性，这些利益相关者包括顾客、股东和员工。相反，糟糕的愿景会忽略某些群体的合理利益。第三，有效的愿景是现实可行的。它们不是无法变为现实的海市蜃楼。而无效的愿景往往就像是天上掉馅饼，不可能实现。有效的愿景表达清楚，足以激励人们采取行动；同时又很灵活，为人们留有创新的空间。而糟糕的愿景有时太模糊，有时又太具体。最后，有效愿景往往易于沟通，而糟糕的愿景往往让人难以理解。

表 5-1　有效愿景的特点

- 可想象的：描述了一个未来是什么的美好画面
- 令人向往的：以员工、客户、股东等公司的利益相关者的长期利益为诉求
- 可行的：现实的、可实现的目标
- 聚焦的：对于决策制定起到清晰的指导作用
- 灵活的：允许在条件变化的情况下，推行个性化的创新计划以及采取不同的应对措施
- 易于沟通的：易于沟通，能在 5 分钟之内解释清楚

可想象的未来画面

如果我们在公司的报纸上看到如下消息，将有何感想呢？"我们的愿景是成为一家这样的公司：员工工资尽可能低，产品价格定在市场可以接受的最高水平，在股东和高管人员之间分配公司利润，特别是多分配给高管人员。"愿景陈述如此露骨，一定会让我们心生厌恶。可事实上，今天许多公司的变革愿景都与之相似。虽然我

们当中的悲观者都愿意相信这些公司会做得很好，但事实却表明，它们很少会成功，即使在短期内能成功，也是好景不长。

除非愿景可以吸引包括顾客、股东、员工、供应商以及社区等所有相关人士的参与，否则在其引导下的流程再造、业务重组以及其他变革项目，都很难取得长远的成功。好的愿景可能要求部分或者全部的人为美好的未来做出暂时的牺牲，但永远不会忽视任何人长期的合理利益。那些侵犯部分人的利益来维护另一部分人的利益的愿景，是很可耻的。这种愿景有可能在一段时间内成功，尤其是在具有超凡魅力的领导人的领导下。但它最终会挫伤追随者的士气，而且往往会导致人们的反抗。在今天的公司当中，这种反抗往往来自大型组织的股东，他们可以利用多种方式对高管层施加压力；也来自顾客，他们可能不再购买公司产品，也可能提出诉讼；还来自员工，他们会通过消极抵抗来扼杀变革。

那些脱离产品或服务市场现实的公司愿景，会为公司带来越来越多的灾难。顾客只要有其他选择（事实上，今天大多数行业中，买方都有许多选择），很难接受不以顾客为中心的生产商。金融市场和劳动力市场也是如此。只要员工或投资者有其他选择，那么对他们的利益忽视不顾的组织就是自取灭亡。

为什么聪明能干的管理团队会追求这样糟糕的愿景，置顾客、员工或投资者的利益于不顾呢？据我观察，这种现象往往发生在如下情形：管理层面临着某一群体的巨大压力，同时又对另一群体具备准垄断的权力。例如，当强大的工会不断要求高工资高待遇时，管理层在身心疲惫下就会将所有成本转嫁给顾客，因为顾客几乎没有或根本没有其他选择。相反，如果顾客的选择越来越多，他们要求更加物美价廉的产品，四面楚歌的管理层就会挤压势单力薄的员工群体，降低他们的工资和待遇。由于人们总能为其不明智的负面行动找到合适的借口，因此在短期的压力之下，那些通情达理的人也会做出不通情达理的事。

下面一些问题可以帮助我们判断一项变革愿景的好坏。

（1）如果愿景得以实现，它将对顾客产生什么影响？今天满意的客户在愿景实现后还会不会依然满意？对于那些对今天不太满意的客户，愿景的实现会使他们更加满意吗？对于不购买我们产品的客户来说，愿景实现后，我们的产品会吸引他们吗？几年后，我们会不断地推出比竞争者更好的产品和服务来满足顾客的真实需要吗？

（2）愿景将对股东产生怎样的影响？它会维持股东

的满意吗？如果股东今天不是完全满意，愿景的实现会提高他们的满意度吗？如果变革得以成功推行，我们有可能比变革前创造更多的财务回报吗？

（3）这一愿景将如何影响员工？如果他们今天很满意，愿景会使他们依然满意吗？如果他们今天不满意，愿景会赢得他们的心吗？如果我们成功了，我们能够提供比劳动市场上的竞争者更好的就业机会吗？

在过去十年里，有许多出版物讨论了关于"平衡"股东利益的问题。这不是我今天要谈的问题。如果一项愿景是通过将利益在顾客、员工和股东之间合理分配而实现利益平衡的话，它就不会获得实现成功变革所需要的支持。面对竞争激烈的顾客市场、金融市场以及劳动市场，我们必须做得更多。现在，我们需要提出的问题不是"我们是削减成本还是改进产品"，而是"我们如何做到在削减成本的条件下，提高产品质量"；不是"我们是培养一支高技能、高工资的员工队伍，还是要成为低成本生产商"，而是"我们如何才能培养一支顶尖的员工队伍来使我们成为低成本生产商"。

反对者：可是那太难了！

回答：当然很难！但是，能否成功面对这一挑战已经越来越成为区分成功者和失败者的标志。

战略可行性

有时候，公司提出的愿景向全世界都做出了完美的承诺，却只字不提变革为什么可行或如何可行。我们将从行业中生产率最低的公司成为行业领导者。太好了！可怎么会呢？我们将由一家中等公司变成顾客最青睐的选择。很好，可怎么实现？

一项具备可行性的愿景不是白日做梦。要对未来进行有效的描述，就要涉及超越现有的资源和能力。如果一项愿景只是每年提高 3% 的业绩，它就不会带来根本性的反思和改变，而这种反思和改变在变化日益加速的环境下非常必要。但如果变革的目标看起来不能实现，就缺乏可信度，无法激励人们采取行动。目标超越现实多少算是具备可行性，这在很大程度上取决于沟通。出色的领导者知道如何将雄心勃勃的目标看起来可行——关于这一点，下一章将更详细地介绍。

愿景的可行性还意味着愿景是建立在对组织、市场环境及其竞争形势有着清晰、理智的理解基础之上的。这也是战略发挥重要作用之处。战略展示了如何实现愿景的过程，提供了具备逻辑性的细节。例如，今天最大的趋势是市场环境变化越来越快、竞争越来越激烈，因此，许多公司为了取得市场成功、获得更好的财务回报，就必须更多地关注公司外部，减政放权，提高决策速度，并最大幅度减少公司政治。有效的愿景必须理智地处理这些现实问题。

在过去 20 年中的大多数时候，各个行业都蓬勃发展，这也对组织解决上述问题有所帮助。战略顾问收集了各种信息，尤其是关于市场和竞争的信息，帮助公司制定关于"生产什么、如何进行最佳生产"等基本决策。这一类型咨询业务的蓬勃发展，为组织摆脱其历史性偏见、开发新战略，以及评估其战略的可行性提出了许多重要的建议。

愿景沟通的焦点、灵活性和容易程度

有效的愿景总是足够的聚焦，对员工起到具体的指导作用——告诉他们什么行动重要，什么行动应该避免。如果愿景的方向性描述很模糊，以至于人们无法与之相联系的话，它就无法起作用。因此"成为一家伟大的公司"并不是一项很好的愿景，即便是再详细一点地说明"要成为电信行业的最佳公司"也不是好的愿景。上述两种版本都没有回答一个问题，即"在哪方面做到最佳？"是在食堂里提供最好的食物，还是提供最好的停车场？

当然，人们在试图做到清晰明了时，有时会过犹不及。有效的愿景应该有足够的开放性，为个人的主动性以及条件变化提供足够的空间。在快速变化的世界中，冗长而过于详细的声明不但会成为束缚，也会很快过时。同时，如果愿景需要不断地调整，它就会失去大家的信任。

在"过于模糊"与"过于重视细节"这两个极端情况之间还有很大的空间。在把握两者之间的度时，成功者往往将愿景的可沟通性作为一个关键标准。如果我们将未来描述得非常复杂，以至于难以与全体员工进行沟通，即使这一描述再理想，再中心突出，再具备可行性，也毫无用处。这里并不是说找到一个好主意以后，就让它无声无息。下一章中我们会了解到，与全体员工进行愿景沟通，即使是一项简单的愿景，也可能难上加难。因此，简单是最重要的。

有效愿景与无效愿景：几个案例

从某种程度上说，描述无助于实现变革的愿景比描述有效愿景更容易。例如：

（1）"每股收益提高15%"就不是一项有效愿景。许多公司的实践都表明，这种财务目标不能激发有些人的愿望，对有些人来讲不具有可行性，而且它也没有说明采取何种行动来实现这一目标。

（2）有效愿景不是用 10 厘米厚的文件来描述"质量计划"。大多数人在阅读了 800 页之后，感觉到的是沮丧，而不是激励。

（3）有效愿景不是将一系列正确价值观含糊不清地罗列在一起（如"我们就是诚信、产品安全、环境清洁、融洽员工关系的代表等"）。这种罗列无法提供明确的方向，除非是极端的理想主义者，否则任何人都对此感到厌烦。

那么有效愿景是什么样的呢？一家美国保险公司的管理人员认为下面的愿景对推动公司转型有帮助：

我们的目标是在 10 年内成为行业领导者。在这里，"行业领导者"是指更多的收入、更高的利润、更多满足顾客需要的创新，以及提供比竞争者更好的工作场所。为了实现这一雄伟目标，我们的收入及利润增长率需要达到两位数。同时，我们不能再像以往那样"以美国为中心"，而需要更多地聚焦于美国以外的市场，大大削弱官僚主义作风，使公司成为一家"服务型"而非"产品型"公司。我们由衷地相信，只要我们共同努力，我们就能够实现这一转型；在这一转型过程中，我们将成为受到股东、顾客、员工以及社会所尊敬的公司。

有时，人们会觉得这种简短的描绘不过是高谈阔论。但再次阅读上面的文字，我们会发现其中包含着丰富的信息。虽然其中没有细致入微的指示，但它的下列特点的确使它中心突出：①它排除了许多其他可能性（例如，成为一家大公司集团，严格保持以美国为中心，剥削员工等）；②明确指出了变革的领域（例如，由产品导向转向服务导向）；③陈述清晰的目标（10年内成为行业第一）。愿景中还明确指出其可憧憬性（"受到股东尊敬……"）。另外，这一愿景比较易于沟通（只有几百个字）。

这一愿景还有一个长达3页的详细版本，其中通过对战略的讨论更直接地解决了可行性的问题。但是，即使是这长达3页的文件也可以在5分钟之内传达。记住我提出的原则：如果我们无法在5分钟之内向别人描绘我们的愿景，并引起对方的兴趣，我们在变革流程的这一步就需要改进。

下面这个案例则更专注地聚焦于一个具体项目：

我们的流程再造工作将在下列简单的愿景指引下进行：我们要降低30%的成本，提高对顾客的反应速度40%以上。虽然有一定压力，但我们相信有了奥斯汀市的试点工程，我们是可以通过共同努力实现这些目标的。实现这一目标大约需要3年的时间，到时候我们将超越最大的竞争者，并获得由此带来的所有利益：顾客满意度提高，收入增长速度加快，工作机会更加有保障，以及随之而来的巨大成就感。

正如上述两则例子，过去几年中我所见过的多数的有效变革愿景都具备下列特点：

（1）愿景都是雄心勃勃，使人们有勇气走出舒适区。它们的目标往往不是绩效改进 5%，而是成为某个领域的领导者。

（2）愿景通常都将目标定位于以更低的成本提供更好的产品或服务，旨在引起顾客和股东更大的兴趣。

（3）愿景往往顺应一些基本趋势，尤其是全球化趋势和新技术趋势。

（4）愿景没有剥削任何人利益的企图，因此，有一定的道德吸引力。

构想愿景

在过去 10 年中，我观察了几家公司如何构想变革愿景，并据此得出如下结论：开发一项好的愿景需要全身心投入，需要时间，需要一支团队的参与，要想做好着实不易。

愿景的草案初稿通常由一个人完成。负责此项工作的人需要根据其个人经验及价值观提出一系列有意义且令人兴奋的想法。在成功的变革中，这些观点会得到领导团队的详细讨论。经过讨论，原始观点往往得到修订，有时是删除一点，有时是增加一点，有时是澄清一些问题。我曾见过有人试图以正式的规划程序来制定愿景，但这种做法从未成功过。愿景的制定过程总是凌乱的、艰难的，没有太多章法可循，有时还需要情感投入。

在一则典型案例当中，一家中型零售公司的 CEO 要求人力资源副总裁和战略规划副总裁根据他的思路起草一个愿景陈述文件。在之后的一次为期两天的管理人员会议上，这一文件成了讨论的焦点。会议选在公司之外进行，但气氛却很紧张。尽管会场风景秀丽，阳光明媚，但是所有与会者都恨不得在会议进行到一半时就溜之大吉，甚至连老板自己都有此念头。问题在于愿景草案使高管团队成员的某些世界观差异浮出水面。草案还使其中一位管理人员十分担心，因为在描绘的未来当中，这一管理人员所领导的团队地位将被削弱。而且至少有两位与会者（或许更多），认为这一程序既模糊又愚蠢。时至今日，我相信该公司几乎所有高管人员都会承认那次会议及后续讨论的意义。但在当时，那次会议并不令人愉快。

面对会议上出现的冲突，公司老板不但没有退缩，反而采取温和又坚定的措施将变革推行下去。他运用熟练的人际关系技巧将冲突控制在可以承受的范围内。如果他越过变革的前两步而直接进入愿景阶段，这次会议可能已经成了一个巨大的灾难。但是，由于他事先已经在员工当中培养了足够的紧迫感、信任度以及创造卓越的决心，因此管理团队最终还是冲破了一系列困难的阻碍，就文件的修订意见达成了阶段性的一致。

根据会议记录以及一些额外的人事工作，老板提出了文件第二稿草案，并在之后的 6 个月内与领导团队进行了讨论。然后，他公开了修改后的文件，在 4 年内又对其进行了补充和修改。

建立愿景并非易事，原因至少有下述五个（表 5-2 对原因进行了总结）。第一，多年来，我们培养了一代又一代出色的管理者，却没有培养出色的领导者或领导型管理者，而愿景也没有被认为是有效管理的要素。在管理领域，愿景设计体现为规划过程。当我们询问一位出色的管理者其愿景是什么的时候，他可能会告诉我们一项操作计划——例如：6 月份推出产品；9 月份聘用多少位新员工；本年度税后利润达到多少美元等。但是，计划永远不会像愿景那样起到引导、团结和激励人们采取行动的作用。在过去变化较为缓慢的世界里，我们不必传授人们制定愿景的技能，因此我们也没有做。但是现在，世界不一样了。

表 5-2　建立有效的愿景

- **初稿起草**：在愿景设计的初始阶段，往往由某位有代表性的领导人提出一个基本的愿景陈述，反映了他个人的愿望，以及市场的真正需要
- **领导团队的作用**：愿景初稿会得到领导团队，或更多的人参与修改完善
- **团队合作**：没有团队合作精神，愿景的设计将无法取得成功
- **心与脑的作用**：在愿景设计过程中，无论是理性的分析，还是感性的梦想，都是必不可少的
- **过程的曲折性**：愿景设计过程中往往会经历进两步退一步、忽左忽右的曲折前行过程
- **时间长度**：愿景不可能通过一次会议就形成，它往往需要几个月，有时甚至需要几年的时间
- **最终成果**：愿景设计过程的最后，将提出一个未来的方向，这一方向具备下面几个特点，即可憧憬的、可行的、聚焦的、灵活的、易于沟通的——可以在 5 分钟之内解释清楚

第二，尽管好的愿景有其简单的一面，但建立愿景过程中所需要的数据及综合性却绝不简单。产生一个仅一页的未来方向陈述，往往需要 3 米高的支持性文件、报告、财务数据及统计，而且这些信息的分析工作是无法利用计算机来进行的。

第三，这一活动需要理性和感性的投入。我们当中大多数人在经过了十七八年的教育之后，都学会了如何用头脑去解决问题，却往往忽视心灵的作用。但是，所有有效的愿景都不仅需要理性的分析，也需要建立在明智的价值观基础之上，而这些价值观又必须能够引起领导团队成员的共鸣。因此，设计愿景就不仅仅是评估环

境机遇与组织竞争力的战略规划过程，它还在很大程度
上涉及与我们自己打交道——我们是谁，我们关心什么。
从个人层面上来讲，这一活动可能非常有益。但对于那
些不善于反省自知的人来讲，这个过程往往既困难重重，
又令人忧虑。

　　第四，如果领导团队没有很好的团队合作精神，那
么个人的狭隘就可能使愿景的设计变成一个无休止的协
商过程。我就曾经目睹了一家电脑公司的一群经理人神
情沮丧，他们花了长达两年的时间试图就变革愿景的一些
基本要素达成一致意见。其中花在正式会议以及非正式
的、一对一讨论上的时间加在一起令人惊讶不已。然而，
这些经理人最终也没有构建起他们想为之奋斗的明智愿
景。最大的问题就在于真心想达到这一目标的人太少了。
相反，大多数人都一直尽力维护其狭隘的小团体利益。

　　第五，如果紧迫感不强，我们就不会有足够的时间
感来完成这一过程。会议变得很难组织。会议结束之后
的推进也很缓慢。一年时间不知不觉过去了，却看不到
什么成果。因为组织面临要求取得成绩的压力越来越大，
所以，即使产品很不理想，也先做做再看吧。这种情况
下所产生的愿景往往只是对现状做出一点点改善；要不
就是非常大胆，以至于大部分领导团队成员都难以真正
相信。愿景不正确、不够雄伟或支持不足最终都会使变

革毁于一旦。

因为设计愿景过程中存在着各种忧虑和冲突，我经常看到许多人在事态未发展成熟之前就贸然采取行动。在领导团队成员还没有足够的机会去思考、感受、辩论与反思之前，愿景就已经被刻进牌匾，挂在墙上。这种情况下，变革往往会受阻。

记住：建立一项无效的愿景还不如没有愿景。愿景设计不好，就可能把人们引向深渊。没有承诺的空话会使人产生危险的幻觉。人们原本觉得他们是在建设牢固的地基，但最终却发现整幢大楼从地基处倒塌，他们的努力也随之毁于一旦。这种情况下，一旦员工发现问题是由愿景设计过程所导致，他们就会对变革产生极大的怀疑。而一旦员工变得愤世嫉俗，变革就很难取得成功。

下面的话我之前也曾说过，但是其重要性足以让我再重复一次。变革的 8 个步骤中的任何一步如果被贸然中止，就会让其后的步骤付出极高的代价。没有足够强大的基础，变革就会在某一时刻全盘崩溃，迫使我们不得不从头再来。对于第 3 步"设计愿景战略"来讲，上述道理的启示在于，要耐心花时间来正确地完成这一过程。你可以将它当作一种投资，一种为了创造美好未来所必须做好的重要投资。

CHAPTER 6

第6章

沟通变革愿景

▼

　　一个伟大的愿景，即便只为少数关键人物所理解和认同，也能发挥重大的作用。但是，只有当公司或任务所涉及的大多数人对愿景的目标和方向有共同的理解时，愿景的真正力量才会充分释放出来。人们对未来的共同期待可以激发并协调人们推行变革的行动。

　　你要获得员工对公司新的方向的理解和支持绝非易事，在大公司中则更难。聪明人也会在这方面犯错误，知名公司在这方面彻底栽跟头的案例也不鲜见。有时经理人传达愿景的力度不够，而且差很远；还有的时候，他们也会无意中传达了不一致的信息。这些情况最终都可能导致变革停滞不前。

愿景沟通失败的案例

　　一家电信公司的分公司总经理说，去年有一支团队制定出了一个变革愿景，并且投入了大量时间对其进行广泛传播。但是，当你深入到基层中去，人们会说："愿景？什么愿景？"你通过进一步考查，才发现这种看起来不一致的现象是有原因的。高管似乎的确付出了大量努力来传达愿景。他们占用年度战略规划会议上的宝贵时间来讨论这个话题。他们在公司的刊物上就这个问题刊登了三四篇相关的文章。一位高管还花了好几个小时帮助制作了给员工的视频。而且这一问题被列入高管会议日程的次数不下十几次。如果再多问问那些业务经理，他们也承认的确听到过一些相关的内容，但是他们坦言，没记住什么内容，主要是因为他们的脑子被各种信息塞得满满的，而其中只有一小部分信息和这个新愿景有关。有人说："这些信息主要是关于顾客和合作关系的吧？"其中有一些更直白的人会说："这些东西啊，说了等于没说。新愿景提出后，不出两周，他们就提拔了一个不知天高地厚的高管，他的运营方式和新愿景完全背道而驰。"

另一种常见现象也很糟糕：虽然愿景传播力度很大，但是效果都很差。"我们的目标是在通信与信息业日趋走向合并的关头，成为第一家真正的跨国公司和无国界组织，成为战略转型的典范。"虽然这句话听起来可能很可笑，但其中也蕴含着一些有意思的想法。但在愿景传播中，即使多次重复，它也起不了太大的作用。

为什么会这样呢？这往往是由变革的前三步的失败造成的。人们没有足够的紧迫感，是不会认真听取什么新愿景的。没有合适的领导团队，就很难对愿景要旨进行适当的规划和传播。如果愿景本身很模糊，或者有误，那要把这种愿景推销出去更是难上加难。即使变革的前三步运行一切正常，传播愿景的工作也绝非易事，因为这项任务规模巨大——使100人、1 000人甚至10 000人了解和接受某个愿景绝对是一项极富挑战性的工作。

对于那些仅被培养成为管理者的人来说，传播愿景尤其困难。管理者一般从直接下属和上级的角度出发考虑问题，而不是从更大范围需要接受这个愿景的所有人的角度出发考虑问题。他们习惯于定期对现状进行例行讨论，而不习惯于着眼未来的战略规划和畅想。当然，他们可以学习，但那需要时间和精力，除此之外最重要的还有——他们需要清醒地知道问题所在及其解决之道。

任务的艰巨性

人们往往把愿景沟通失败归咎于基层员工的理解能力有限，或者人类固有的对变革的抵触情绪，以及对变革信息的抗拒。这两个因素的确与沟通相关，但都不是根本问题。

制定变革愿景常常需要领导团队花几百个小时收集材料，消化理解，斟酌选择，然后才能做出最终决策。我看到过好多这样的例子：高层管理人员辛辛苦苦忙了几个月，最后却连自己也解释不清愿景是什么。是他们不够聪明吗？不是。是他们拒绝改变吗？在一定程度上是的。但是从最根本的角度来看，我觉得这一问题反映出来的是这一过程本身固有的艰巨性。

接受一个未来的愿景，无论从智力上，还是情感上，都是很有挑战性的工作。在这个过程中，我们的头脑中自然会产生许多疑问：这将对我意味着什么？对我的朋友们意味着什么？对整个组织意味着什么？还有其他什么选择吗？其他选择会不会更好？如果必须以不同的方式运营，我能做到吗？在实现愿景的过程中，我需要做出牺牲吗？我怎样看待那些牺牲？我真的相信我所听到的关于未来发展的方向吗？是不是有人在耍手段，以牺牲我来提升他们的地位呢？

愿景规划极富挑战性的主要原因之一就是，领导团队成员首先需要自己想通所有这些问题，而这需要时间和大量的沟通。一些可以由战略顾问来做的纯智力工作就已经很难了，而它却只是整个活动中很小的一部分。情感沟通更难：放弃当下、放弃其他未来选择而接受牺牲、相信他人，等等。然而，在经历了这个非常困难的过程之后，领导团队成员通常会马上采取行动，要求公司中其他所有人都要在很短的时间内理解和支持制定出的愿景。这样有限信息被汇入日常沟通的大量信息中，很快就被稀释、丢失，直至遗忘（见图 6-1）。

（1）3 个月内传达给员工的总信息量 = 230 万个词或数字

（2）在 3 个月内传达给员工的关于未来愿景的信息量 = 13 400 个词或数字（相当于一次 30 分钟长的讲话、1 小时长的会议、公司刊物上一篇 600 字的文章和一份 2 000 字的备忘录）

（3）13 400/2 300 000 ≈ 0.005 8，对未来变化的愿景只占全部沟通信息量的 0.58%

愿景沟通信息量，0.58%

其他沟通信息量，99.42%

图 6-1　愿景沟通失败：未来愿景是如何被淹没在混乱中的

聪明人为什么会这样做呢？部分原因在于管理人员有高人一等的传统观念。"我是管理者，你是员工。我并不期望你了解太多。"但是更为重要的是，传播力度不够是因为我们想不出实际可行的方法：让全体 10 000 名员工像领导团队成员一样经历相同的过程吗？似乎不太可能。

　　沟通任务的艰巨使人们气馁。如果领导团队成员总共花 150 小时制定愿景，我们只允许用这个时间的 20% 来把它传达给其他人，以每小时 14 美元工资和 6 美元津贴来算，那就是 20 美元乘以 30 小时乘以 10 000 人，结果是 600 万美元。没有几家公司能把这额外的 600 万美元成本做进预算里。

　　那么，这个问题又该如何解决呢？以下是有助于成功进行愿景沟通的七条原则（见表 6-1）。

表 6-1　有效沟通愿景的关键因素

- **简单**：必须去掉所有的专业术语和技术用语
- **比喻、类比和事例**：一幅图表抵得上 1 000 个单词
- **多种传播媒介**：大小型会议、备忘录、报纸、正式的和非正式的交流都能有效传播愿景
- **重复**：人们只有在多次听到同一个愿景时，它才能深入人心
- **领导的榜样作用**：重要人物的所作所为与愿景不一致，会使所有其他形式的交流都毁于一旦
- **明确解释看起来的不一致**：对不一致的信息不加以解释会影响所有交流的可信性
- **表达与倾听**：双向的沟通总是比单向的沟通要强有力得多

力求简明

　　有效的愿景沟通所需的时间和精力与愿景信息的

简明程度直接相关。重点明确、不包含许多术语的愿景与复杂、模糊的愿景相比，传播所需时间要少得多。技术用语和 MBA 词汇会阻碍沟通，导致困惑、怀疑和疏远。沟通只有非常直接、简洁，甚至是精炼的时候，才会达到最佳效果。

简单明了的沟通的难度在于，它要求提出者思路清晰，并有很大的勇气。记住那句谚语：如果我有更多时间，我会把信写得更短一些。可见简明清晰远比复杂啰唆难得多。简单也意味着没有欺骗。饶舌的技术用语就像是一个盾牌。如果这些想法很愚蠢，别人就会认为它们很愚蠢。我们扔掉专业术语保护，用简单的语言进行沟通会使我们更容易受到批评，所以我们往往不愿意这样做。

考虑下面两个版本的表述：

（1）我们的目标是减少修改参数的平均时间，让别人感觉到它们比美国国内外所有主要竞争者的都少。换句话说，我们要改变新产品开发周期、订单处理时间和其他与顾客相关的流程。

（2）在响应顾客需求方面，我们将成为行业中最快的。

所有专业都有自己的专用词汇，一部分原因是出于必要，因为所需要的语言生活中没有，一部分只是把它们作为一种将本职业差别化的手段。在与同行业的专业人士谈话时，用专业术语是有帮助的。但同样的术语如果用在与外行人的谈话中就会变得晦涩难懂。因为大多数组织员工和组织外部人员（如顾客和供应商）的职业都各不相同（如机械工程师、会计、市场研究员、经理等）。在用专业术语进行沟通时，听懂者会有归属感，而大多数听众都会困惑丛生，从而产生社交排斥。因此，我们只有利用没有专业术语的语言来沟通变革愿景，才能使其得到广泛传播。当然如果只是会计同会计之间的沟通，就另当别论了。

再考虑另两个版本的表述：

（1）通过削弱官僚主义，授权一线员工，使其更好地满足不同顾客的不同需要。

（2）我们将扔掉各种约束，给员工更多自由去做他们认为对顾客来说是正确的事情。

运用比喻、类比和事例

我经常听到人们说：因为我们的公司又大又复杂，所以无法用简单的语言在短时间内把愿景解释清楚。这些人不懂比喻、类比、事例，以及平实而多彩的语言的力量，而它们可以迅速有效地传达复杂思想。

例如下面两个版本：

（1）为了帮助我们在竞争激烈的经济环境里赢得并

留住顾客，我们需要保持大规模生产的成本优势，此外还要减少官僚主义，慎重做决策。

（2）我们不能让自己变成一头大象，而要变成一只对顾客很友好的霸王龙。

凶猛的恐龙形象可能看起来很奇怪，但是一家电子行业的公司，用这个比喻可以准确地表达许多含义。电子工业经历了竞争的爆炸性激增。每个月都有小公司破产，许多大公司也在亏损。这家霸王龙公司觉得只有变得更有闯劲，才可能生存。公司曾考虑过选用老虎的形象，但是这家公司太大了，选择老虎不太贴切。此外，公司大也有它的优点，只要公司可以在顾客服务上做到迅速、有效。因此，公司选择了对顾客友好的霸王龙的比喻。

如果这家公司大多数的管理人员和基层员工都喜欢大象的形象，或者很讨厌成为霸王龙的话，这种沟通可能会失败。但是，情况恰恰相反。在难以解释的情感层面，大多数人都喜欢这个恐龙之王的形象。而且它也使人们开始关注变革。

再看下面两个沟通版本：

（1）我们想开始设计和生产更多被顾客认为是与众不同的、广泛认可并口碑良好的产品，这类产品可以定价更高，创造高利润。

（2）我们要少生产菲亚特，多生产奔驰。

同样，如果员工更加看好的是菲亚特，而不是奔驰的话，这次沟通就失败了。或者如果员工身处与世隔绝的小山村，几乎没有任何关于汽车的经历，那么这次沟通也没什么意义。但这家公司的实际情况并非如此。这个仅有很少字数的简单句子以情感作为诉求，向人们传播了大量的信息。

精挑细选的词句，一条信息就可令人难忘，虽然它需要战胜上百条其他信息后才能引起人们的注意。真正优秀的广告人是很善于选择适当的词汇或形象的。但对于我们这些获得工程学、经济学、物理学或者金融学学位的人来说，就不那么容易了。任何人都能借鉴别人的专业知识，而且我的经验告诉我，只要加以训练，多数人都可以找到更加富有想象力的方式来传播他们的想法。

采用多种沟通媒介

愿景只有利用多种不同媒介，才能得到最有效的沟通，这些媒介有大型会议、备忘录、报纸、海报和非正式的一对一谈话。当同一信息被人们以六种不同形式传播时，这个信息就更有希望被人们听到并记住，不论是在理智层面还是在情感层面。例如，愿景通过渠道A，可以回答人们的一些问题，可以通过渠道B得到回答另一些问题，等等。

成本意识较强的人都会告诉我们：沟通是有成本的。他们说得没错。但是我所见过的大多数成功变革的案例都表明，虽然公司有时会对愿景的沟通投入一大笔经费，但许多成本不菲的沟通渠道都被毫无价值的信息阻塞了。年度管理会议议程的1/3或更多都是讨论传统问题——与变革毫无关系；有时就是某人自我宣扬的舞台，有时甚至只是浪费时间。公司刊物的大部分内容都是滥竽充数或是自吹自擂的。在公司内部每天一对一的交谈中，至少有10%的内容是关于NBA、新电影或高尔夫球等与工作不相关的内容。哪怕只减少一部分这样的对话内容，也可以为重要信息传播腾出一些时间。

重复、重复、再重复

再精雕细琢的信息，如果只宣布一次，也不会给听众留下什么深刻的印象。人们头脑中的信息众多，任何沟通信息都一定要在战胜许多其他信息之后，才会引起我们头脑的注意。另外，只向公众宣布一次也无法解释所有问题。因此，信息的有效传播都依赖于再三重复。

比较以下两种情景。案例 A，在年度管理会议上，有 3 次讲话都是介绍新愿景的，公司刊物上也有 3 篇报道是以新愿景为主题的，于是新愿景在 6 个月的时间内总共被重复了 6 次。案例 B，公司 25 位高管，每人每天要确保找 4 个机会将其谈话内容与新愿景联系起来。当海若与 20 个优秀下属回顾每月成果和计划时，他都会将新愿景重复一下，然后要求用新愿景的标准来衡量所有决策。当格洛里亚为下属做绩效评估时，她将"是否积极主动地为变革做出贡献"作为评估的标准。当简在工厂进行问答咨询时，她是这样回答第一个询问的："我的答案是'是'，为什么呢？因为指导我们变革的新愿景是……"结果，25 位管理人员每人每天重复 4 次，经过 6 个月，等于重复了 12 000 多次。将两个案例比较，我们所看到的结果是：前者仅重复 6 次，而后者却达到 12 000 次。

所有成功的变革案例都似乎要经过成千上万次的沟通交流，以帮助员工解决智力和情感方面的困惑。实现这些交流并不是因为公共关系部把"新愿景传播"当成"一个项目"，而是因为许多经理、主管和高管通过新愿景来评判他们的日常活动。一旦人们这样做了，他们就可以轻松地找到许多有意义的方法来谈论变革方向，也可以找到针对不同人不同群体的特殊沟通方式。

威利和 3 个下属去开会，他们在路上看到墙上贴着一张关于质量改善计划的海报，于是威利问下属："你们觉得怎么样？这张海报的意思表达清楚吗？你们看了后，知道了些什么？"弗朗西斯和她的 15 个下属正在会议室听取申请资金的报告。正式陈述完毕后，她问道："这与变革关系密切吗？据我所知，指导我们变革工作的愿景是……"托德正在食堂对着 200 名员工讲话。有人问他："你认为我们公司可以雇用更多的员工吗？"他回答道："如果我们可以成功地实现新愿景，那答案就一定是肯定的。你们都清楚这个新愿景吗？它可信吗？"

人们在这里说一句，在那里说一段，开会时花两分钟提一下，谈话快结束时再说五分钟，讲话时快速提及几次——把这些简单提及都加在一起，就会形成强有力的沟通，而这种沟通正是赢得人心、赢得员工理解所必需的。

说到做到，树立榜样

传播新愿景的最有效方式就是行动。如果公司最重要的前 5 位人物或前 50 位人物都在以实际行动努力实现变革愿景，那么员工一般可以较好地领会它。即使在公司内部刊物上发表 100 篇相关文章，也不如这种方式的效果好。一旦员工看到上级管理人员将愿景付诸行动，所有那些关于愿景是否可信，以及是否在玩花招的顾虑问题也将烟消云散。

有这样一则案例：一家大型航空公司正在实施以客户服务为中心的变革。公司 CEO 只要收到一封旅客投诉，他就会在 48 小时内亲自回复。没多久，CEO 的事迹就在整个公司传开了。结果，一家外聘研究公司发现，当被问及公司新变革愿景时，有 90% 的员工能够清楚地描述，而 80% 的员工认为公司高层正致力于使愿景变为现实。

还有一则案例：欧洲的一家超大型制造公司正在进行一次变革，试图使公司的组织结构更加精简。公司高层在通知员工此新发展方向的同时，取消了领导层中的一个层级——高级副总裁，接下来就宣布公司将在 18 个月内在总部通过自然退休、提前退休和裁员来削减 50% 的人员。很快，咨询公司发现，这个公司层级较低的很大一部分员工都可以正确地描述出公司的变革方向。

再看一则案例：一位将军正试图向一家庞大组织传达如下一条信息——国防预算正在缩减，每个人都必须更节俭。所以当他旅行时，没有乘五角大楼外停放的美国陆军黑鹰号直升机到安德鲁斯空军基地，再换乘专用的美国空军 C-12 喷气式飞机，而是尽量从五角大楼站上车，花 80 美分乘地铁到华盛顿国家机场，之后坐飞机的经济舱。将军的事迹很快就传播开了。

我们经常把这种行为称为以身作则、树立榜样。这个概念很简单。但说起来容易，做起来难。特别是那些爱挑毛病的人，他们不会相信我们所说的，只有行动才能打动他们。

换句话说，言行不一会极大地破坏新变革愿景的传播。事业部总经理萨莉告诉她的 1 200 名员工：组织的特点应该是"速度、速度、速度"。但她自己却用了 9 个月的时间才批准一位产品经理的资金申请，同意公司采取竞争性策略，以在一个新出现且不断扩大的细分市场上取得最大的市场份额。CEO 约翰·琼斯一再倡导削减成本、削减成本，但他自己却花 1.5 万美元来装修他的办公室。行政副总哈罗德·琼斯没完没了地强调客户服务，但是当有关新产品的投诉蜂拥而至，华尔街的记者来访时，他却不维护客户的利益，只维护自己的利益。

简而言之，破坏愿景沟通的第一杀手，就是主要参与者的行动与变革愿景相左。它暗含了很深刻的启示：①在高管层还不能践行愿景的时候就试图推销新愿景是很糟糕的；②即使是在最好的情况下，认真地监督高级管理人员的行为也是很重要的，因为这样才能使我们发现并解决他们的言行不一的问题。

明确解释看起来不一致的情况

最近我访问了一家银行，它正在开始实施成本削减计划，这是它进行更大范围变革的一部分。员工正经历着变革的阵痛，所以如果有任何迹象表明管理层没有做好本职工作，员工就会很敏感。遗憾的是，这种迹象随处可见。

变革任务小组几乎一天 24 小时都在想方设法削减成本，而公司却仍然租用 6 架喷气式飞机为高管人员所用。当越来越多的员工被解雇时，高管人员却坐在豪华的办公楼里办公。一些部门为了省钱连圣诞晚会都取消了，而公司的 CEO 和全体董事会成员却为了开一次内部会议而坐上头等舱飞往伦敦开会。

当我指出这些言行不一致时，高管不是顾左右而言他，就是变得非常提防。"你在说什么？你想让我们把墙上的木板撬下来，让总部看起来破破烂烂吗？""我们已经做过 6 次分析了，一直认为喷气式飞机是很好的工具。没有它，就无法达到偏远的地方。你真的认为让一个大忙人花时间到机场，等普通航班，到终点站再换乘往返机，再开两小时的车，就是好好利用时间吗？""我们的愿景中也提到要使我们的公司国际化，因此我们也要让董事会全球化。所以我们才选择在伦敦开会。你是不是希望我们的董事会只按美国方式思考问题啊?"

当他们为喷气式飞机、红木家具和海外旅行做出解释时,他们变得很沮丧,因为他们找不到合理的解释。他们不想助长员工中的讥讽怀疑情绪,但他们也不认为卖掉办公总部、取消租约和伦敦会议有什么价值。"我们的确考虑过卖掉办公楼,但是拆迁成本也很大啊。你说我们该怎么办呢?"在某些情况下,答案是放弃办公室、喷气式飞机和旅行。但是在另一些情况下,那样做可能既不可行,也不理智。这时候就只能通过诚恳的沟通来明确地解释这些问题。举例来说:

鉴于目前公司上下都在进行成本削减工作,任何人都没有理由浪费资金,特别是把资金浪费在不必要的奢华上。在这种情况下,我们认为高管人员的办公室和豪华设施都是不合适的。但是要搬到简朴一点的地方,其拆迁成本要更多。所以,我们会继续努力寻找一种在成本上有效率又切实可行的办法来减少浪费的现象。

坦率诚实的信息常常被吹毛求疵的人嘲笑。如果大多数员工都对公司的管理层表示怀疑,那么即使信息真实直接,也毫无作用。但是,对那些愿意相信自己公司的员工来说,他们还是很欣赏这种沟通的。它会使沟通的可信度和信任感都得到增强,从而提高变革愿景的沟通效果。

> 提问：为什么人们不多做这样的沟通呢？
>
> 回答：他们做这种事情的频率已经越来越高。

如今，帝王式的管理方式正在逐渐销声匿迹。当今世界发展迅速，公司需要员工齐心协力，如果管理人员不善于沟通，就无法将公司转变成强有力的竞争者。因为过去我们见过一些人通过隐瞒信息或撒弥天大谎而取得成功，所以我们现在对这种做法持怀疑态度。但这是事实。

在变革的成功案例中，员工所看到的不一致的信息问题几乎都得到了明确的处理。如果信息不一致的现象无法完全消除，它们也会得到简单而坦诚的解释。

表达与倾听

鉴于愿景沟通的艰巨性，它很容易变成单向传播，有价值的反馈常常被忽视，久而久之员工就觉得自己微不足道。成功的变革案例中基本不会发生这种事情，因为它们的沟通往往是双向的。

我见过不少这样的案例：领导团队设计的愿景存在一些问题，被一些员工发现了。如果管理层一开始就让员工充分了解关于愿景的信息，问题可能已经解决了。然而就是因为没有反馈意见，所以直到变革过程快结束时，错误都没得到纠正。在以下的案例中，这个问题的代价巨大，因为它导致了许多不必要的信息技术成本。如果六位精通电脑的年轻销售员之前了解情况的话，他们一定能看出指导销售人员购买电脑硬件和软件的基本思想是有问题的。但是没有人提前告诉他们，直到新设备都到了，他们才知道。所以，由于一位不懂电脑的中层管理人员接受并实施了错误的愿景方案，造成了巨大的损失。

从更为基本的层面来讲，双向讨论是一种帮助人们解答变革过程中的所有问题的必要方法。以多个渠道开展的清晰简单、易于记忆、经常被重复而且统一一致的沟通，再加上高管的以身作则，就会发挥巨大的作用。但是大多数人，特别是受过良好教育的人，一定要经过一番争论之后才会接受某种事物。所谓争论就是提问、质疑和辩论。事实上，领导团队在刚提出愿景时也常常会遇到这种情况。

考虑到成本方面的原因，变革发起者有时会避开双向沟通。他们的理由很简单：双向信息流动的成本至少是单向信息流动成本的两倍。他们指出，想让每个人都经历领导团队形成共识所经历的一切，是不可能的。这么说没错。但他们还是忽视了一个道理，即让尽可能多的管理者通过新愿景来看待公司中每时每刻发生的事情，是很有价值的。通过这种做法，人们以很多低成本的方法促进了新愿景的沟通。新产品发布会上的五分钟发言，公司大厅的两分钟对话，讲话结尾的十分钟强调，这一点一滴的时间加在一起就是几千个小时。

变革发起者回避这些活动的另一个原因在于，他们担心愿景在来回的沟通中，被人们所否决。这种行为可以理解，但也令人遗憾。

如果人们不接受新愿景，那么接下来的两个变革步骤——善于授权赋能和积累短期胜利也就无法进行。员工得不到授权，也不会投入努力来保证胜利。更糟的是，如果员工接受了一个很差的愿景，再努力去实现它，那么就会步上述"信息技术"案例中公司的后尘：宝贵的资源和时间都将被浪费，许多人都因此承担失败的后果。

双向沟通的弱点在于，反馈意见可能表明我们走的道路是错误的，需要重新拟订愿景。但是，从长期发展来说，我们勇于放下架子、重新考虑愿景要远比走错方向或沿无人跟随的方向前进强得多。

第7章

善于授权赋能

▼

最近，有人对我说："我再听到'授权'这个词，非得呕吐不可。"让他感到愤怒的是，这个词越流行，使用越频繁，就越显苍白。他说："它已经成为一种政治高调。授权、授权、授权。我问人们这个词是什么意思。他们不是含糊其词，就是把我当成傻子。"

要是在几年前，我也许会赞同他的观点。但是，我今天不会了。虽然我对用时髦词语还是不感兴趣，但在当今这个瞬息万变的世界里，我认为向更多的人授权还是很重要的。

环境变化要求组织也要进行改变。没有大多数人的支持，大规模的内部变革不可能发生。但是，一般情况下，员工是不会帮忙的，想帮忙也帮不上，因为他们感觉自己没什么权力。这与公司的授权程度不无关系。

你如果有效完成了变革的第 1～4 步，就已经在对员工的授权赋能方面做了很多工作了。领导团队即使紧迫感很强，制定了正确的愿景，而且愿景得到有效沟通，大量存在的障碍和困难还是让员工难以实现所需的改变。因此，第 5 步的目的是尽可能扫除实施变革愿景的障碍，在更大范围内进行授权。

那么授权的最大障碍有哪些呢？主要有如下四个：组织结构、管理技能、制度流程和管理者（见图 7-1）。

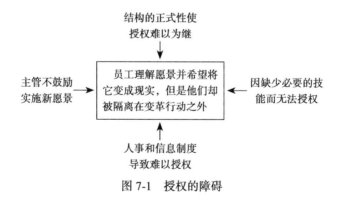

图 7-1　授权的障碍

扫除组织结构的障碍

下面这个案例是关于一家澳大利亚金融服务组织的。

该公司新任 CEO 提升了公司的紧迫感，在高管层内建立了领导团队，并帮助领导团队确立了公司发展的新方向：提供卓越的客户服务。其基本理念很简单：为公司创造一种能力，使其不仅可以在澳大利亚获得市场份额，还要高效地在亚洲新兴市场上参与竞争。由于愿景传播得比较成功，很多员工都相信公司现在所走的路是对的。高管看到人们对其方案反应热烈，就下定结论：我们已经度过了变革最艰难的阶段。可能正是这种想法导致他们集体把工作重点从目标上挪开了。

24 个月后，公司高层开始变得既沮丧又生气，他们不知道到底是哪里出了问题。他们觉得自己该做的都做了，拜访了整个区域内的客户，建立了测试客户满意度的新型系统，在公司内部发表了关于强化客户服务的讲话，并且和顾问一起重新设计了产品、改进了服务来更好地满足市场需求。但是不知为何，团队的满腔热情并没有得到应有的回报。

事后分析发现如下几点问题。许多员工的确想提供优质的产品和服务，而且他们也尽了最大努力。但是，公司的组织结构造成了资源与权力的分散，使他们不可能推出任何新型金融产品。一般说来，开发一种产品需要四个不同的职能部门进行密切的合作。即使员工试图建立跨职能合作团队，以产品或顾客为中心，但是努力的结果却令人沮丧。组织结构上的桎梏以很多难以捉摸的方式破坏了团队合作，使得不能向客户及时交付服务。当员工向主管提出这一问题时，得到的答案往往是"要做好团队合作"。当员工提出建议，说可能是组织结构上有问题时，得到的往往是各种搪塞，诸如结构变革是不可能的，或者结构变革没有用，或者需要等待，等等。因为员工没有得到授权，无奈之下，他们放弃了实施新愿景的努力。

当这家公司的 CEO 把这个组织结构问题提到他的高管们面前时，他们告诉他：

（1）新愿景实施本身就相当复杂。

（2）我们的员工可能与新愿景不匹配，这需要用很长时间来改进。

（3）中层管理人员在长时间努力后感觉疲惫。

（4）没有解决这些问题的明显方法。

上述几点从某种程度上来说都是事实。举例来说，连续工作几个星期对主要中层管理人员来说是家常便饭，但是他们总是试图维护自己的部门，这也给他们带来了很大压力，其实越来越多的证据已经摆在他们面前——组织结构重组对新产品和服务开发都很有必要。正如在很多变革案例中看到的，并不是人人都抵制变革，不合作的只是一小部分经理。但是要影响这小部分人也很难，因为他们深信他们的所作所为是对公司有利的。

科林就是这样一个拖后腿的人。他在职能型组织有着25年的工作经验，将大量时间和精力投入其中，也深知这种组织的优点。各种组织结构重组的计划不仅解散了他的团队，也很大程度地降低了他的职务权限，还削减了传统组织在商业上创造的利益。如果科林完全接受了新愿景，他会同意组织调整带来的损失并不大，虽然他可能并不情愿。但是，他现在把愿景看成只是一个美梦，认为只有1/4的实现机会。现在的情况是，在他看来组织调整的损失很确定，而新愿景的好处却很模糊且不太可能，因此他对变革表现得很犹豫。结果，公司保留了原有的组织结构，而这从体制上阻碍了员工实施新愿景的努力。

组织结构并不总是会成为变革的障碍，至少在变革早期阶段不会，但是我也的确看到过许多案例，公司的组织结构的确破坏了愿景的实施，因为它无法赋予员工足够的权力（见表7-1）。与澳大利亚金融服务公司类似的案例并不少见。组织要实现以顾客为中心的愿景，就必须变革那些不以顾客为中心的组织结构。还有一则典型案例是一家电力公司。该公司的愿景是让一线员工承担更多的责任，但是这一愿景同公司过多的层级结构和太多中间管理层所掌握的决策权相冲突。当员工试图将愿景变为现实时，他们的决策总是遭到一大堆中层经理的批评和破坏。"你考虑这个了吗?""你应该先和琼斯核对一下。""你意识到你可能在创立一个先例吗?"可想而知,久而久之,多数一线员工都放弃了努力,恢复到以前的工作状态。

如果组织结构的障碍得不到及时消除,员工就会很沮丧,就会对整个变革失去兴趣。即使组织最终实现了结构调整,员工也没有激情在新的组织框架下实现新愿景了。

表 7-1　组织结构如何破坏愿景的实现

愿景	组织结构
·以顾客为中心	·但是组织结构把产品与服务所需的责任与资源分开
·赋予基层员工更多的责任	·但是中层经理总是事后批评员工
·提高生产力以削减成本	·但是公司总部庞大的员工数量使公司成本巨大,而且他们还不时地启动成本高昂的流程和计划
·加快速度	·但各部门之间相互孤立,互不沟通,使一切进展变慢

为什么会这样呢?由于旧的组织结构已经被沿袭好几十年,有时我们对组织的设置习以为常,而对于其他选择视而不见。有时人们在某种组织上投入了巨大的忠诚和专业知识,因而害怕变革为他们的职业生涯带来潜在的不良后果。有时高层管理者也知道结构重组很有必要,但是他们不想和中层管理者或同事发生矛盾。变革的基础通常不够牢固。中层管理者如果没有感觉到足够

的紧迫感，没有看到高层团队志在必得，没有看到一个
合理的变革愿景，或者是没有感觉到大家相信愿景，他
们一般很容易抵制组织结构调整。

提供必要的培训

大约 20 年前，我看到一家颇有远见的汽车零件公司
为了超越竞争对手，在生产运营方面进行了大规模变革。
在其他公司将多余的中层管理取消，并授权给基层员工
之前，该公司已经看到了这种方法在提高质量和降低成
本方面的价值。和许多先行者一样，该公司领导团队也
走了不少弯路，但是最后他们还是成功地在美国东南乡
村地区建立了一家工厂。这家工厂中层管理人员很少，
主要由工人组成的生产组运营。很明显，这种运营方式
在当时是很超前的。工厂的建立及运转并非易事，但是
面对既成事实，人们也没有太多惊奇。在实现了工厂日
产量目标的 70% 之后，工厂的管理人员认为最艰巨的工
作已经完成了，但事实却证明并非如此。

工厂产量一直停留在目标的 75%，这种结果在经济
效益上是无法令人满意的。工人的情绪变得越来越不稳
定，其中一个生产组里还爆发了工人斗殴事件。那些本
来就对这次试验有所怀疑的经理开始公开地对工人是否

真正能够执行"管理"责任表示质疑。一些不满的员工开始寻求工会的支持。在公司总部，有人建议说他们应该在事情变得无法收拾之前，放弃这一新型运营方法。

正如许多案例中发生的情况一样，工厂里早已有人正确地认识了这个问题，却没有人听从他们的意见。工厂经理最终就为什么工厂的产能只达到75%的问题，差不多和每个人都谈了话，最后他发现一位初级员工关系专家的解释最有道理。大体上，这位年轻人是这样说的：

我们选拔了200位经理人员和工人，把他们放到一个全新的环境当中。但他们当中所有人（尤其是一些年长的人）的多年行为习惯和这个试验并不相适应，有的行为习惯甚至与新的运营方式相抵触。许多工人学习了复杂高端的技术，但他们却缺乏权力。他们不知道在团队中如何有效地发挥作用。大多数经理都有5～35年的工作经验，这使他们认为他们的工作是做决策，而不是向别人授权。为了解决这个新情况，我们举办了一些培训，但令人遗憾的是，这些培训还很不够。大多数人都很希望新工厂能够成功，因此在开始阶段工作都相当努力。在某种程度上，我们想用纯粹的努力来弥补授权技能上的缺乏。但是这并非长久之计。结果是我们身心疲惫，心情沮丧。

今天，我们还可以看到许多流程再造案例都出现了同样的问题。公司提供的培训很不够，或者提供的不是必要的培训，或者培训时机不对。他们期望员工只需要经过5天的培训，就可以改变多年甚至几十年来的行为习惯。他们向员工传授技术技能，却没有向他们传授有效使用新方法所需要的社会技能或态度。他们在员工开始新工作之前安排了课程，却没有提供后续课程来帮助员工解决工作中遇到的问题。

我认为导致我们陷入这一误区的普遍原因主要有两个。首先，在创建新愿景时，我们往往对变革所需要的新的行为、技能和态度考虑得不够。我们没有意识到什么样的培训以及多长时间的培训才能帮助人们掌握那些新的行为、技能和态度。其次，有时我们正确意识到了我们需要做什么，但是涉及时间和金钱时，我们又变得望而却步。谁能找到合适的理由来让1 000个人参加为期两天的培训？谁又能接受在某个项目上要花300万美元呢？

欧洲的两家航空公司在20世纪80年代中期向我们展示了世界上最成功的两个变革案例，它们的确是花了好几百万美元让好几万人参加了为期两天的培训。两家公司追求的都是"顾客至上"的新愿景，而且两个领导团队都得出了相同的结论，即无论是实现愿景还是实施

战略，都需要员工在态度上做出重要改变。他们请一家
丹麦咨询公司来精心设计两天培训课程并不是要改变员
工所有的行为、技术或态度，相反，是采用一系列讲座
和演练，简单地向人们展示了"以人为本"的行为如何
会为生活带来巨大益处，不论是工作之中还是生活之中
都是如此。我所看到的所有证据都说明，这一培训是授
权员工实现新愿景的关键因素。两家航空公司都因此脱
颖而出，成为更为强大、更为成功的竞争者。

　　正如以上航空公司的案例所示，员工的态度培训和
技术培训同等重要。在过去的一个世纪里，数百万的非
管理类员工所在的公司和联合会都教育他们不要接受太
多的责任。对于员工，我们不能仅仅说："那么，现在你
有权力了，去用吧。"有些人不会相信我们，有些人会认
为这只是一种剥削的手段，而有些人会担心自己不胜任。
这些老观念需要在新经历的影响下才能消除，而培训可
以解决其中一些问题。

　　我还没有任何证据显示任何组织都需要在教育员工
上花费几百万美元，来推动大规模变革。在一些情况下，
大数额的培训预算没有必要，因为对于很多人来说，所
学的并不是非常新的技能、行为或态度。在很多情况下，
巧妙的培训设计可以起到事半功倍甚至更好的效果。另
外，如果培训中的主旨不是"我们将赋予你们更多的权

力，因此我们开设这个课程的目的就是帮助你们行使你们的新责任"，而是告诉员工"闭嘴，这样做"的话，那么培训不但不会有助于授权，反而很容易成为"剥夺权力"的过程。

我们的观点是：在变革中的这个步骤可以有某种培训，但必须是合适的培训。在这个问题上砸钱，或用高人一等的语气和人们说话，都不是什么好办法。

使组织制度和愿景相一致

"我们能做的都做了，"有一位经理这样说，"但是员工却一直在抵制。"

"再说详细一点。"我说。

"我们费了好多精力，为我们的目标建立了一项极佳的愿景。我们利用能想到的所有方法不停地传达这些想法。去年我们进行了组织结构调整，使其与新愿景相一致。我们在一切认为有必要改变的方面都对员工进行了重新培训。虽然这一切需要大量的时间和精力，但是我们都做到了。"

"那么问题出在哪儿呢？"

他抱怨道："太多员工在工作过程中还是运用老方式。"

"那么你认为为什么会这样呢？"

"我开始怀疑是人的本性决定了他们要抵制变革。"

我问他:"如果你中了 1 000 万美元的彩票,你会拒绝接受这笔钱吗?"

"你在开玩笑吗?"

"但有大量证据显示当人们赢得一大笔钱时,他们的生活会产生巨大的变化。"

"那又怎样呢?"

"也就是说,你不会抵制这种变化。"

他说:"是,是,人们并不是对所有形式的变化都加以抵制。"

"他们什么时候不拒绝变化呢?"

"当人们看到变化会给他们带来最大利益的时候。"

"那么在实施新愿景时,公司的人力资源制度是否能让人们体会到新愿景会给他们带来最大的利益呢?"

"人力资源制度?"

"绩效评估、薪酬、晋升、继任等,这些方面都和新愿景一致吗?"

"也许没有完全一致。"

在考察了该公司的人力资源制度之后,我们发现:

- 员工绩效评估表中体现不出任何与顾客的关系,而顾客却是新愿景的核心。

- 薪酬考核不是以做出有用的改变为导向，而更多的是以不犯错误为导向。
- 晋升是由相当主观的方式决定的，和变革努力的关系十分有限。
- 招聘和雇用体系是 10 年前的旧体制，对变革的支持力度极小。

进一步的调查显示，管理信息系统也没有多少变革，以促进变革实施。战略规划过程也是如此，它更多地关注短期财务绩效，而很少关注市场与竞争。

在大变革进行到一半的时候，由于时间、精力和财务上的限制，我们可能发现我们什么也改变不了。要扫除与公司文化相关的障碍真是难如登天，除非各个变革项目均已完成，绩效改进清晰可见。制度的改变相对容易，但是如果没有消除新愿景和现有制度之间存在的所有不一致的话，那么我们只会以失败而告终。在取得实实在在的短期胜利之前，领导团队是没有动力和力量来推动更大范围的变革的。尽管如此，当存在一些大规模的内在顽固流程与新愿景之间产生严重的冲突时，我们就必须立即处理这一情况。逃避问题只会削弱员工的干劲，并带来破坏变革的风险。

提问：各种制度，特别是人力资源制度，会经常妨碍变

　　革进程吗？

　　回答：是的。

　　组织常常把人力资源看成一个高度官僚化的职能部门，不鼓励人们发挥领导力，因而改变人力资源固有的做法是一项巨大的挑战。从这个模式中摆脱出来并非易事。然而在变革的成功案例中，我越来越多地看到人力资源部门为适应新愿景而勇敢地变革人力资源制度，以释放变革所需要的领导力。尽管有时生产线经理，甚至是同事都不支持他们，他们仍然义无反顾。这是因为他们深切地关心员工，担心如果变革得不到很好的实施，会给员工带来不好的后果。

处理麻烦的主管

　　弗兰克似乎不太理解变革的要领。他多次被告知，公司正努力提升创新能力，因为在他们的行业，发挥创造性是取得胜利的关键。但是他还是拒绝改变指挥控制的领导方式，而这种方式会将创新性和创造性之火迅速熄灭。看他的工作方式，我们甚至会怀疑他是不是专门学习过如何限制"授权赋能"。他总是说："我们以前已经尝试过那么做了。"他告诉手下："你们应该更多地分析不利的可能性。""我们没时间做那事，还是做这个吧。""是，是，这是很有意思，但是……不行，不行，别把那份报告发出去，没人会看的。""玛莎，下次不管做什么，之前请先和我商量。"

弗兰克管理着一个100人左右的部门。变革大潮冲到他门前，停住，然后毫无例外地又退回去了。有的下属想干脆不理会弗兰克，转而支持公司的新计划。但是大多数人不这么做。有人试着这么做，后来又放弃了。有人和弗兰克一样，根本就不理解变革的意义。还有些人行事小心，对他言听计从。

忠于变革者往往把弗兰克描述成魔鬼，但其实他并不是坏人。在很大程度上，他和我们所有人一样，都是他那个时代的产物。他在早期学习的就是指挥控制的管理方式，而且正是因为这一方式很有效，他在公司才取得成功。久而久之，这种方式就演变成了根深蒂固的习惯。

如果弗兰克的习惯只是由一些相互独立的因素组成的话，改变起来会容易得多。但情况并非如此。他的很多习惯相互联系，构成了他的管理风格。如果他只改变其行为的某一方面，那么其他所有与之相关的因素往往会给他更大的压力，迫使他又恢复原状。他所要做的是把所有的习惯当作一个整体，全部改变，但是这就像同时戒烟、戒酒、戒高脂肪食物一样，真是难上加难。

　　弗兰克对新的创新愿景不完全认同，对如何为新愿景实施提供帮助也不很确定，这就使一切变得更加困难。他和我们所有人一样，很擅长从自己的角度出发解释问题，因此，在他自己的眼里，他看上去是公司的好员工，而其他人则是政治化的、自私自利的或者是没有能力的。

　　像弗兰克这样的人存在于流程再造、组织结构调整或重大变革的各种情形中。如果这样的人太多，或者他们管理太多的员工的话，将会是个大问题。如果像弗兰克一样的人特别有权力，且在变革的早期阶段没有受到正视，那么他们会破坏整个变革过程。

　　我至少看到过十几个例子，变革中关键的三四个人物都是弗兰克这种类型的。一个充满热情的变革者和几个同事，不但没有解决弗兰克的问题，反而拽着他们从变革的第 1 步走到第 4 步。但是，在第 5 步，这些主管不愿意放权给员工，最终使得前面的努力功亏一篑。

　　弗兰克这样的人没有受到正视的一个主要原因是：领导层担心他们这样的人不会改变，虽然如此，但还是不会把他们降级或开除。有时人们因愧疚不愿采取行动，特别当这些对权力不放手的人是他们的朋友或先前的老师时。政治考虑也发挥了一定的作用。人们害怕如果爆发一场斗争的话，弗兰克这一类的人获得更多权力的可能性更大，甚至有可能把变革倡导者赶走。在其他许多情况下，像弗兰克这样的人能在短期取得好的成果，这也是人们不愿采取行动的原因之一。

对于这类问题，基本上不存在简单易行的解决方法。面对这样的现实，高管们有时会策划出非常复杂的政治策略，把弗兰克这样的人限制在一个局部里，直至最终消除。这个办法的问题在于见效太慢，而且一旦被发现，就会造成可怕的后果，因为它不够诚信、有些残忍而有失公平。

就我所看到的，解决这种问题的最佳办法通常是坦诚的对话。告诉他们这就是我们行业所面临的情况、公司所面临的情况，我们的愿景是什么，我们需要你的帮助以及我们将在多长时间内需要你的支持，我们怎么做，才能得到你的支持？如果这种方法还不奏效，那这个人就需要被换掉了。无须多长时间的对话，结果就会清晰可见。如果他想帮忙，只是有障碍，那么通过讨论可以找到解决的方法。如果这个人想帮忙却无能为力，那就明确告诉他公司对他的期望和时间安排，这样即使最后将其免职，也会减少一些争议。由于这个办法基本上是公平的，因此可以帮助高层克服愧疚感。这种理智的、深思熟虑的谈话也可以使公司避免短期成果毁于一旦，或者弗兰克发动政治性反击的风险。

可是，高管往往对坦诚的对话感到为难，因为他们

害怕愧疚感，同时他们会有政治性考虑，且对短期成果
心存忧虑。可事后反思，很多管理人员又经常后悔，说
他们在变革过程中没有尽早地正视那些有问题的经理。
我一再听到他们说："我要是早点正视亨利就好了。"

这种情况在变革当中很常见。可是，这只会影响变
革的进程。他们会成为变革的障碍，阻碍人们采取应该
采取的行动。更重要的是，当大家看到这些人没有受到
处理时，他们的积极性就会受挫。一旦员工积极性受挫，
他们就无法创造变革的短期胜利，而短期胜利是变革动
力极其重要的来源。他们也无法帮助管理变革过程所需
的大量变革项目。相反，他们在组织远未到达变革终点，
并将新方法融入组织文化之前，就早已经放弃努力了。

发掘巨大的变革力量源泉

在全球化经济环境下，如果员工总是心情沮丧又无
能为力的话，他们就永远不可能使公司成为赢家。但是
有了正确的组织结构、培训、制度和主管来为新愿景提
供支持，加之新愿景得到很好的沟通（见表 7-2），越来
越多的公司发现它们可以发掘一个巨大的变革力量源泉，
来改善组织工作绩效。它们可以把无数人动员起来帮助
领导者推动所需的变革。

表 7-2　授权员工以促进变革

- **向员工沟通一个容易理解的愿景**：员工建立了目标共识，就更易于采取行动来实现目标
- **使组织结构和愿景相匹配**：不匹配的组织结构会阻碍人们采取行动
- **提供员工所必需的培训**：没有合适的新技能和态度，员工会觉得无能为力
- **使信息、人事制度和新愿景相匹配**：不协调的制度会阻碍人们采取所需的行动
- **处理那些破坏变革的主管**：没有什么比坏上司更能剥夺员工权力和力量

CHAPTER 8

第8章

积累短期胜利

▼

我认识的一位高管，是我见过的最具远见和超凡魅力的领导者之一。他被任命为美国一家大公司下属一个拥有17亿美元资产的子公司总经理时，大家都感到非常兴奋。很多员工说，他上任的第一年就带来了清新的空气。会议不再讨论浮于表面的琐事，而开始讨论大胆的愿景；不虚心接受批评的人被请走了；只要对问题或机会有合理的看法，任何人都可以提出来。渐渐地，这位新领导的周围团结了一批人，他们开始讨论如何对公司的战略方向进行调整。

很快，这家公司设计了新愿景，即通过开发新技术，以低廉的价格提供某种优质的建筑材料，成为全球巨头。第二年年中，这一新愿景在全公司上下广为传播。到第三年年初，公司开始实施越来越多的变革措施来推动愿景的实现：推出新产品；引入新培训计划；部门重组；财务部流程再造；一位关键管理人员提前退休；投资 5 亿美元进行了一次收购。所有这些行动都很振奋人心，甚至得到一些媒体的推崇。在第三年年中，有四个不同的刊物发表文章，称赞这家公司的变革。

这一案例给我留下了很深的印象。我并非没有看到该案例中存在的问题。案例中主人公的领导团队一直没有和公司的总部保持紧密的联系。但是，他正在做的一切都是正确的。在第三年时，如果你问我，我可能会说这家公司将在未来 48 个月里成为行业领导者。我当时也没想到这个变革的过程会出错。

但是我错了。

简单地说，这位具有超凡领导魅力的总经理在第四年年中被解雇了。12 个月后，他的很多新措施都被废弃；有两三名高管被挤出了公司，还有至少 6 名以上的高管主动提出辞职；员工士气低落；公司收入上升了几个季度之后，就开始长时期下滑。在我写本书时，这家公司还是一片混乱。

事后，我们很容易就发现了问题所在。公司总部只有一名高管成员是子公司变革领导团队的成员，而且他还没有太大的影响力。到第二年年中之前，与领导团队意见相左的人都被弃之不用，即使他们想要提供帮助。最严重的问题是，公司没有足够重视要获取短期胜利。人们都沉浸在宏伟的梦想当中，没有有效应对现实的状况。当评论者试图找到证据证明所有的行动都使公司朝着正确的方向发展时，除了找到极小的绩效改善之外，没什么令人信服的业绩证据了。直到领导团队抱怨说那些心存不满的人是一堆目光短浅的傻瓜时，公司总部才开始警觉。第三年，这家子公司几乎所有的财务指标都没完成，却没有提前向总部通报，于是公司 CEO 开始警觉了。第四年的第二个季度，这家子公司开始亏损，却仍没有预先通报情况，于是那位具有超凡魅力的领导被解雇了。

无论是公司的内部还是外部，都有人仍然认为是公司 CEO 犯了严重错误。他们的看法或许不无道理。但是可以肯定的是，那位极具魅力的总经理的确是犯了一个关键性错误。他没有重视短期成果，因此也就没能建立起足够的信誉，而足够的信誉却是他维持长期努力的重要因素。

大变革需要时间，有时甚至需要很长时间。执着的信徒不论发生何种改变，都会坚持到底。但是，大多数人还是期望能够看到令人信服的证据显示所有的努力都没有白费。不相信变革的人对证据则有更高的要求。他们想看到清楚的数据，显示变革正在取得进展，而且这些变革没有在短期内占有太多的资源，没有对组织造成太大的威胁。

在变革中，领导者不重视短期胜利是有很大风险的（见图 8-1）。运气好的话，明显的成果可能会自然而然出现。运气不好的话，其结果就会像那位有远见的子公司总经理一样。

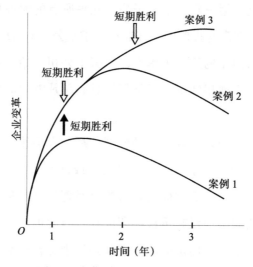

图 8-1　短期胜利对公司变革的影响

注：案例 1——没有短期胜利
　　案例 2——短期胜利出现在第 14 个月，但是一年后没有再出现
　　案例 3——短期胜利出现在第 14 个月和第 26 个月

短期胜利的意义：一个案例

一家保险公司正在进行一次大规模的流程再造。领导团队意识到这一计划要用 4 年的时间完成，他们不禁自问：我们应该设定什么样的目标，才能在 6 ～ 18 个月的时间里创造明显的绩效改善呢？经过慎重考虑，他们拟订了三项变革计划：某一部门的经费在一年内要显著下降；要让顾客尽快看到流程改进的效果，并让他们对此表示欢迎；进行小规模组织结构调整，以提高某一团队成员的士气。三项变革的具体目标和计划都被列入公司两年的运营预算之中。所有变革项目的实施都由领导团队中的一名成员来负责监督。至少每隔 60 天，这三个小计划就要在公司管理委员会议上进行一次回顾。

短期内实现这些绩效改进似乎极具挑战性。中层管理者试图放缓组织结构调整计划。即使是那些热情的变革支持者也想放缓那个让顾客能够看到的流程改进的过程。同时，公司的信息系统并非总是能够迅速跟踪到准确的数据，来显示绩效改进的情况。要不是有人积极地处理了这些问题，这家公司可能永远看不到这三项明确的短期胜利。各种压力都可能导致变革议程被拖延或改变，现存的系统也可能无法及时追踪数据来清楚地显示变革的成果。

即使取得了这些胜利，怀疑者还是能够找到证据证明变革成本过高，进程太慢，甚至说变革方向本身就是错误的。但绩效的改善可以使这些怀疑不攻自破。产生这些胜利也为领导团队提供了关于新愿景有效的真实反馈。对那些为实现变革而辛勤工作的人来说，短期成果的规划为他们设立了一座值得期望的里程碑，而短期成果的实现则给了他们一次庆祝成功的机会。

短期胜利的本质与时机

变革的第 6 步所要求的成果必须清晰显著，不能模棱两可，太过细微的成果和差一点就能实现的成果都没有意义。

成功举办一次会议，或解决了某两个人之间的纠纷，开发了一个让工程部经理满意的新设计，在公司内发放了 5 000 份新愿景声明，这些行动也许都很重要，但它们都不是真正的短期胜利。

一个好的短期胜利至少包括以下三个特点：

（1）可见性。大家可以亲眼看到这是真实的成果还是夸大的宣传。

（2）明确性。这一成果应该无可争议。

（3）和变革最终目标密切相关。

如果流程再造的承诺是在 12 个月后实现第一次的成

本削减，而这一承诺也按期得以实现，这就是一个胜利。如果变革前期的组织结构调整使新产品开发周期由 10 个月减到 3 个月，这也是一个胜利。如果收购项目早期的文化整合工作做得非常出色，连《商业周刊》都就此发表一篇文章加以赞赏，这也可以称为一个胜利。

在规模较小的公司或公司部门里，第一个成果需要在半年内产生。在大公司，显著的胜利需要在 18 个月内产生。

提问：同时实施多个步骤不是很复杂吗？

回答：是很复杂，但是成功变革的案例都是如此。

短期胜利的作用

短期绩效改进至少可以从六个方面促进变革的深入（见表 8-1）。

表 8-1 短期胜利的作用

- **用事实证明付出是值得的**：短期胜利为短期投入提供了强大的支持
- **为变革执行者提供鼓励**：在付出大量努力之后，一些正面反馈可以提高士气、鼓舞人心
- **帮助调整愿景与战略**：短期胜利为领导团队提供实实在在的数据，为其观点的有效性提供证据
- **使怀疑论者与以自我为中心的变革抵制者不攻自破**：绩效明显改善，使别人很难再阻碍变革的进行
- **赢得上级的支持**：提供了有力的证据，使高层管理者相信变革正在顺利推进
- **增强变革推动力**：将中立者转化为支持者，将不情愿的支持者转化为积极的支持者，等等

第一，它可以强化人们所做出的变革努力。它告诉人们付出总有回报，而且回报越来越显著。

第二，对那些变革的推动者而言，这些小胜利提供了适度放松和庆祝的机会。长时间的持续紧张对健康不利。胜利后进行小小的庆祝有益身心。

第三，创造短期胜利的过程可以帮助领导团队将愿景放到实际条件下进行检验。这些检验结果相当珍贵。有时愿景并不完全正确，更多时候需要进行战略的调整。如果不集中精力来创造这些短期胜利，等到问题显现时，就为时已晚了。

第四，快速显现的绩效改进使得吹毛求疵的反对变革者的抵制不攻自破。胜利不一定会使所有人都息声（这也未尝不是好事，因为有时一些不一致的声音可以防止公司掉下悬崖），但是胜利却可以从对手手中夺走一些攻击武器；它们再想向变革推动者发动攻击，就难得多了。通常情况下，吹毛求疵的人以及变革反对者越多，短期胜利就越重要。

第五，明确可见的短期成果可以说服上级继续支持变革。如果中层管理人员以及董事会对变革失去信心，那问题就严重了。

第六，也是最普遍的一点，即短期胜利有助于增强变革的推动力。持观望态度者会转变成支持者，而支持者也会转变成积极参与者，等等。这一推动力至关重要，因为人们往往需要巨大的动力才能完成变革的第 7 步，关于这一点我们会在下一章详细说明。

规划成果还是祈求成果

变革有时会脱离正轨，有时是因为人们没有重视短期绩效改进在变革过程中的作用，但更多时候是因为管理者没有系统地规划短期胜利。

"你认为我们在 24 个月里能拿出什么样的证据来证明所有一切都处于正轨呢？"我问。

"有四五个可能性。"领导团队的一员回答道。

"可能性？"

"是的。如果还算走运，我们将大大削减订单处理或交货方面的成本。"

"走运？"我说。

"如果营销也能跟得上，那么运用新的利基市场战略，我们可能会实现收入的增长。"

"有可能？"

"是的，而且我认为我们新的广告代理商（目前我们正在挑选之中）有可能会执行适当的电视广告战略，从而使我们实现相当大的市场份额增长。"

"还是有可能?"

"是的,这一切都有可能实现。"

成功的变革案例中,不会出现这样的对话。短期胜利并不是一时走运,也不只是可能性。人们不只是希望和祈求绩效改进,而是要对短期胜利加以规划,并按规划来安排统筹,以使其得以实现。其意义不在于用未来作为代价来换取短期成果,而是通过确实可见的成果来使变革更具可信度。

> **提问**:听起来道理很明显,那么为什么大家都不能这样做呢?
>
> **回答**:原因至少有3个。

首先,人们没有充分规划这些短期胜利,是因为他们没有足够的精力去做。紧迫感不够强,或者愿景不够清晰,使变革进展不顺利,于是人们都在忙于让一切恢复正常。这种恐慌与忙乱使人们没有充分的时间去关注规划短期胜利。

此外,人们并没有非常努力地去创造短期胜利,因为他们认为实现长期的变革与取得短期胜利是鱼和熊掌不可兼得。无数经理被教导说,组织生活就是在长期和短期之间做出权衡。按照这一逻辑,组织要实现长远目标,就要在短期内做出牺牲;组织要在短期内做得好,就要放弃对未来的追求。于是，由于变革的目的是实现长期目标，因此也就意味着短期成果会有问题。当然，我们还是要关注短期成果，但是不要指望有太大的成果，因为那是根本不可能的。

10年前，我可能会同意这个观点。但是近年来我看到很多证据证明这一观点是错误的。用一位著名高管的话说："管理工作是要在取得短期胜利的同时，保证你正处在一个更有利的位置上，可以赢得未来的胜利。"在过去的10年里，我看到很多公司维持了两方面的平衡。它们一方面将自己变得更加适应未来，另一方面又保证了在各个季度都取得好的成果。

对短期胜利规划起到破坏作用的第三个原因是缺乏足够的管理，特别是领导团队管理不够，或者是变革中的关键管理者缺乏投入。很大程度上，长期目标的实现需要领导力，而对短期规划则需要管理。没有足够好的管理，就无法对成果提供足够的计划、组织和控制。

没有优秀的管理，就没有对成果评估的充分思考，以至于现有的信息系统要么无法记录重要的绩效改进，要么低估了绩效改进的程度。没有优秀的管理，就不能很好地选择实施策略，或者实施策略得不到有效执行。收购决策很大程度上是在冲动的基础上做出的，而不是基于对愿景的理性支持。因而不能对"是今年就进行组织结构调整，还是等质量改善计划有所进展后再说"的问题给予充分重视。

由于 20 世纪组织对管理的重视，因此除了一些新成立的小公司之外，大多数组织都不缺乏管理。在某种程度上，小公司在没有很多计划或控制的情况下也可能侥幸成功。如果公司的创始人是一个不喜欢组织化的梦想家（这并不少见），他或许会抵制管理，而这会使变革变得困难。

在规模较大、历史较长的公司里，管理不足的问题主要是由于新上任的领导作风强硬，对其下属不够重视；或者高管对变革缺乏投入。前一种情况就如我们谈到的那位魅力型的总经理，他后来丢了工作。在他看来，那些运营现有组织的人不太重要。虽然他没直接说过，但是从他的言行举止当中人们是可以感觉得到的。当有人试图向他说明短期经济效益的重要性时，他往往会置之不理。

在这类公司里，早期的变革不顺利，通常与管理人员的投入不足有关。由于没有足够的紧迫感，领导团队中缺少关键的管理人员，愿景没有得到有效的沟通，或员工授权不够，在这种管理过度而领导不足的组织当中，人们往往对变革采取观望态度，特别是那些管理人员，而他们本该是创造短期成果的重要支持力量。

压力大，未必是坏事

取得短期胜利的目标的确使人们压力增大。人们往往会觉得这种额外的要求没有道理。他们会说："我们现在做得已经够多了，不要再给我们增加负担了，让我们休息一下吧。"

这种思维方式虽然不无道理，但是我却时常发现短期压力可以有效地树立紧迫感。对于为期一两年的变革项目，因为离最终期限还很远，人们自然就会在心理上放松。他们开始这样想："如果这个计划还需要 4 年的话，那么拖到 4 年零 3 个月，问题也不会很大。"一旦紧迫感降低，一切都会变得更难完成。本来一个月就可以完成的小目标可能需要 3 倍的时间。

当然，压力也不总是会制造紧迫感。短期胜利的目标如果成为负担，就只会给人们带来压力和疲惫。在变革的成功案例中，管理人员往往通过不断解释愿景和战略来将压力与紧迫感联系在一起。"这就是我们要做的，这是我说它很重要的原因。没有这些短期胜利的话，我们会失去一切。我们想为顾客、股东、员工和社区所做的一切都会变得问题重重。因此我们必须创造出这些短期成果。"这种交流使人们面临的困难变得有意义，从而激励人们克服困难继续前进。在变革进行 12 ～ 36 个月时，员工往往会很疲惫，因此需要再次得到激励。

短期胜利不是耍花招

在某种程度上，所有管理工作都是一种操控，包括创造短期绩效改善。但是在我所看到的几个案例中，操控被提升到了新的高度，使变革可能向好的方向发展，也可能向坏的方向发展。

为了保证变革推动力不断增强，菲尔摇身一变，成了一名会计魔术师。他把这个成本摊销，又把那个成本降低，控制了某个部门的支出，又廉价变卖一些资产。结果是公司每个季度的利润都稳中有增。人们只要批评他的变革项目，他就会把净利润数据推到人们的面前，就像一个无惧无畏的吸血杀人狂拿出十字架一样。这一策略的确在短期内奏效了。

这种会计魔法的确可以应对一些困境，但其风险也是不可低估的。第一，它会让人上瘾。游戏一旦开始，就很难停住。短期内耍花招会为以后造成很多问题，而这些问题只能用更多花招来掩盖。第二，它会引起更多重要管理者的挑剔和抵制，因为他们经验丰富，能够看出事情的真相。如果这些人权力很大，就会引起混乱。第三，它会使一些人对此敬而远之，因为他们认为这种做法不符合职业道德。

如果整个领导团队讨论并同意使用这种方法，就可以消除一些风险。但是即使如此，人为炮制出来的伪成果也很难为变革的第7、8步提供足够坚固的基础。短期胜利必须是真实的，才能够支持变革的进行，它们不能像镜中花水中月般虚无缥缈。

管理的作用

管理的本质在于，系统地选择目标，制定预算，制订计划，组织计划的实施，然后控制实施过程使其运转正常。你有了这个概念，就可以很容易地看到，短期胜利对变革的重要性显示了一个重要原则：变革不只和领导有关，优秀的管理也是相当重要的。成功推动变革需要将这二者加以平衡，正如图 8-2 所示。

由于领导者对所有的变革活动都非常重要，我们有时会得出这样的结论：变革就等于领导。当然，没有多位卓越而强有力的领导者，组织结构调整、扭亏为盈以及文化革新都无法顺利进行，甚至根本就不会发生。但是，仅仅有领导也是远远不够的。业务重组需要财务知识，流程再造需要技术知识，而收购则需要战略眼光。大变革的所有流程都必须通过管理来防止其失去控制、掉下悬崖。

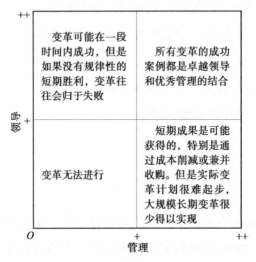

图 8-2　领导、管理、短期成果和成功变革之间的关系

提问：显然，变革需要管理，这不是很明显吗？

回答：是的。但是有些发起变革的魅力型的领导者不一
定觉得很明显。

魅力型的领导通常都不善于管理，但是他们却有办
法让我们确信：我们要做的就是跟随他的领导。"不必担
心细枝末节，只要记住新愿景就行了。""不要过于担心
财务问题，从长远来看，它们会得到很好的解决。"理智
上，我们通常都会对这种方法表示怀疑，但是我们的心
却已经被俘虏了。

　　我并不是说领导者具备超凡魅力不好，个人魅力对变革有极大的促进作用。但是如果领导者极具个人魅力，却不善于管理，又不重视别人的管理才能，就很难实现短期胜利，从而也无法获得变革第 7 步所急需的可信度和推动力。正如我们将在下一章中看到的，第 7 步的变革往往力度极大。没有可信度和强大的动力作为坚实的基础，是不可能实现这样大范围和高强度的变革的。

　　在某种意义上，变革的前 6 步的主要目的是建立足够强大的推动力来推翻顽固的功能失调的组织障碍。忽视了任何一个步骤，变革就会面临毁于一旦的风险。

　　对于那些成立了几十年的公司来说，这种功能失调的组织障碍可能非常严重。

CHAPTER 9

第9章

促进变革深入

▼

　　在某公司年度管理会议上，人们从会场签到处领取了一袋材料，其中包括一年中最受欢迎的新闻剪辑汇编。在开幕宴会上，CEO 表扬了 110 位管理人员，对他们做出的贡献表示赞赏，并在宴会结束时再敬酒 4 次。会议第一天，有 6 位管理人员发言，肯定了最近的成绩，赞扬了所有与会人员。在当晚的颁奖宴会上，15 人被授予奖章。第二天早上，人们在关于"最佳实践"的演讲当中也不由自主地加入了更多的赞赏。晚上，会议邀请了著名歌手为全体与会人员表演了精彩的节目，结束时，CEO 再次致辞。

高管层的紧迫感不论有多强，这次会议之后也都消失殆尽了。会议所传达的意思再明白不过的了——我们能够应对这种严峻的市场环境，这简直是小事一桩。看看我们近来所取得的成绩吧。我们现在状态不错，请放松些，欣赏音乐吧。

当然，没人直接说要放松。CEO 很清楚要完成几年前开始的变革还有很多工作要做。他这么做只是想感谢他的管理团队，用真挚的赞扬进一步调动他们的工作热情。但是与会人员所接收到的信号却不是这样，他们认为变革的艰难时刻已经过去了。

在接下来的一年里，公司中有十几项变革项目被延迟或进展速度放慢。一位顾问所提出的对一家分公司进行大规模结构调整的建议被搁置。另一家分公司变革第 3 步的进程也被临时推迟。人们突然开始对先前已达成共识的公司人事制度变革表示怀疑。投资银行部门正准备要剥离一家分公司的资产时，却被告知终止行动，暂停一下。之前确定要采取的行动大多被搁置。当公司高层中变革的主要负责人完全意识到所发生的一切时，经过 3 年辛苦工作才建立起来的变革推动力几近消耗殆尽。

大规模变革往往要经过一段很长的时间才能完成，尤其是在大公司里。许多因素都可能导致变革在即将到达终点的时刻突然中断：变革主要负责人的更替，领导者的极度疲劳或运气不济等。在这些情况下，短期胜利对于保持变革动力是至关重要的，但是如果庆祝活动消耗了变革动力，那这些庆祝活动的危害就太大了。随着自满情绪的不断增长，旧模式就会迅速大范围地卷土重来。

阻力：反对力量总是伺机反扑

人们对于变革的非理智的、政治性的抵制永远不会完全消失。即使我们在变革早期取得了一定程度的成功，我们也很难把那些以自我为中心的经理争取过来。他们害怕组织结构调整会侵占他们的地盘；我们也很难把工程师争取过来，因为他们往往将精力集中在狭窄的专业领域，很难理解为什么要花这么多时间为顾客着想。我们也很难把那些固执的财务管理人员争取过来，因为他们认为授予员工权力是很荒谬的。我们可以暂时把这些人晾在一边，但他们不但不会改变或离开，反而会一直等待卷土重来的机会。当变革负责人在庆祝短期胜利时，这正好给了反对者机会。

有时候，组织庆祝活动的恰恰是这些反对者，特别是那些精明、圆滑的反对者。通过盛大的庆祝会，他们传递了这样的信息：我们已经取得胜利。虽然代价不菲，可我们的确取得了一定成绩。现在我们都可以喘口气了。如果人们确实很疲惫，就很爱听这些话，即使他们知道要做的事情还很多。他们会告诉自己，磨刀不误砍柴工，或许放松一下会使我们在下一个步骤发挥得更好。

这一错误会导致非常严重的后果。在过去的 10 年中，我看到许多变革案例，我相信这是一条基本规则：在变革完成之前，一旦放松，就会丧失关键推动力，随之而来的就是倒退。除非变革实践已经取得了新的平衡，而且已经融入了公司文化，否则这些实践成果很容易遭到破坏，3 年多的努力可能会毁于一旦。一旦出现倒退，再重新形成变革动力会难上加难，就像劝说人们去托举已经开始向山下滚动的大石块一样。除了变革的狂热支持者之外，其他人都难免要打退堂鼓。在这些情况下，人们往往表现出极强的自我辩护能力，他们会说："该做的我都做好了，现在该轮到胡安了。""或许我们做得太多了，后退一点对我们来说也许是件好事。"

变革之所以功亏一篑，主要有两个原因。一个同公司文化有关，我将在下一章进一步论述。还有一个直接原因，即在瞬息万变的环境下所产生的不断增加的相互依赖，这种相互依赖关系会产生多米诺效应，要变革其一，必须进行全盘变革。

各部门互相依赖的问题

任何组织都是由相互依赖的多个部门组成的。销售部门对生产部门会有影响；研发工作会影响产品开发；工程部门会影响生产过程。然而由于多种因素的影响，各个组织的相互依赖程度也有所不同，其中最重要的因素是公司的竞争环境。

在 20 世纪的大部分时期，许多主要行业都处在较为温和的寡头垄断环境中，这种相对稳定、繁荣的环境使组织内部的相互依赖程度降至最低。生产过程中的大规模存货缓和了公司各部门之间的依赖关系，并为每个部门都提供了一定程度的自主权。大规模的存货使生产部门免受销售部门的影响。缓慢、线性的产品开发流程使得工程、销售、营销和生产等活动都保持了一定程度的独立性。由于缺乏更好的运输和通信方式，位于马来西亚的分公司在一定程度上可以免受纽约总部的影响，而获得更多的运营自由。

但是，这种运营业务的方式正因为一些新的因素而改变，其中最重要的因素之一就是日趋激烈的竞争。除了少数垄断组织，大多数组织都无法维持大量的存货、缓慢的产品开发，也无法允许国外分公司独立运营。在目前和可预见的将来，大多数组织都需要以更快的速度发展，需要削减成本，并在更大程度上以顾客为中心。这样的话，内部的互相依赖就会不断增强。公司没有大量的存货，各个部门就需要更好地协同配合，需要在更大的压力下更快速地生产出新产品，产品开发的各个基本要素都需要更紧密的合作。这种新的相互依赖关系使变革更加复杂，因为在各部分相互独立的体系当中，变革进程往往更加容易进行。

想象我们走进一间办公室，发现我们不喜欢其中的陈设，于是把椅子搬到了左边，将书放进书柜，拿锤子把画框重新钉在墙上。这些工作最多花一个小时，因为这些活儿都相对简单。可见，在各部分相互独立的体系中进行变革的确不太难。

现在想象我们走进另一间办公室，发现许多绳子、橡皮带、电缆将室内许多陈设缠在一起。那么，首先我们很难走进这个房间，因为我们一不小心就会被缠住。我们小心翼翼地慢慢挪到椅子旁边，试图搬动它，却发现它虽然很轻，但根本搬不动。于是我们又使了使劲，椅子动了，但是有几本书从书架上掉了下来，沙发也被带着挪了位置。我们慢慢走到沙发旁边，却发现很难将它推到合适的位置。30分钟以后，我们终于放好了沙发，可台灯又从书桌上掉了下来，摇摇晃晃地挂在了一团绳子和电线上。

如今的组织越来越像这间奇怪的办公室。几乎所有要素都与许多其他要素相联系，牵一发而动全身。我们让玛丽学习新的做事方式，她无动于衷。再提醒她，她动一点。再多施加点压力，她或许会再多动一点。于是我们对玛丽很不满意，觉得她的性格和动机有问题。但实际上问题不在于她自身的性格和动机，而是许多强大的力量使玛丽没办法按我们的要求去做，就像例子中的椅子和沙发一样。对于玛丽，问题不是绳子、电缆和橡皮带，而是主管、组织结构、绩效评估机制、个人习惯、公司文化、同事关系，最重要的是来自这个团队、那个部门和某些人的不断要求。

在这样的情况下，你要让玛丽采取新的做事方式是很难的。你要使 1 000 多名像她一样的员工以新方式开展工作，显然是一项巨大的工程。

高度相互依赖的体系中变革的本质

我们所接触的大多数成功变革案例都像是上述第一间办公室的例子。椅子的位置不对，就挪一下。很少有人知道如何在高度相互依赖的体系中推行大规模变革，所以在当今的组织变革中，公司将面临更大的挑战。

由于缺乏经验，我们无法充分意识到一个重要的事

实：改变高度相互依赖的环境是非常困难的，我们几乎
需要改变一切（见图9-1）。因为所有因素相互联系，所
以不可能只改动其中某一个因素。我们必须得改动数十
个、数百个甚至是数千个要素，而这项工作难度极大，
又浪费时间，少量的人是无法完成的。

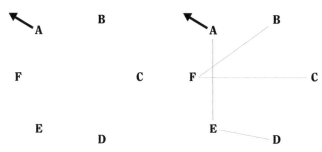

在各部分相对独立的体系中，要改动A很简单，只要改动A就可以了。

在各部分之间有一定程度的相互依赖的体系里，要改动A，就需要改动A、E、D等诸多因素。

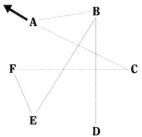

在各部分高度相互依赖的体系里，要改动A，就需要改动所有部分。

图9-1　在相互依赖程度不同的体系里推行变革

即使是在相互依赖程度较低的办公室里，这种相互依赖性也能使变革变得非常复杂。例如，我们想在十几个办公室里做一些调整，以便优化顾客的拜访环境。我们想让落地灯离沙发更近一些，便于顾客仔细阅读产品手册。我们想把桌子后面的椅子和沙发旁边的椅子调换位置；想把给顾客看的文字材料放在沙发前面的咖啡桌上。如果办公室中的一切都是独立的，那么十几个这样的办公室，只需要一个人花一两个小时就可以做好一切。但是如果办公室里遍布绳子、橡皮带和电缆，那么这些调整就需要花更多的时间和努力。

那我们该怎么办呢？如果我们对这种情况经验不足，就可能先到别人那里寻求帮助，然后再着手做。如果几个小时后，还不见任何成果，我们的同事就会找各种借口离我们而去。关于我们的变革计划遇阻的传言很快就会被传开。热衷于帮助他人的员工可能会自愿来帮忙，但是绝大多数人都会对我们避而不见。

如果我们有这类经验，我们就知道需要在开始的时候放慢速度，以培养成功应付这种情况的能力。我们的第一个问题是：关于服务顾客这一问题，组织内是否有足够的紧迫感？如果外部信息的反应是肯定的，我们就会继续前进。但如果答案是否定的话，那么问题就变成：我该怎样降低自满情绪，树立紧迫感呢？

　　我们如果没有在高度依赖的环境下推行变革的经验，可能很快就会感到不耐烦。我们会说："真是荒谬，我可没有时间日复一日地培养这些员工的紧迫感。现在就叫两个人来，按我的命令去做……"

　　有经验的变革者知道怎样缓解这种不耐烦的情绪。在开始改变员工的自满情绪后不久，他们就会组建一个团队来指导变革项目实施。如果人们紧迫感太低，可能这项工作都无法开展，因为没有人愿意参与进来。因此，他们可能会努力明确新的未来愿景，优先处理员工的自满情绪。

　　对于上述中的简单例子，我们的领导团队可能只需要另外一两个人就够了。我们3个人先制定出明确的愿景，再规划出合适的战略。运用合适的方式，把这个信息传达给那些当前与变革结果相关的人，这样的人可能有20个、50个或100个。找出阻碍愿景实现的因素，并优先处理阻碍最大的因素。我们必须首先完成这些工作，才能开始计划如何挪动家具或请求帮助，然后对办公室进行实际的改造。

　　与大公司的变革相比，这一项目相对比较小，甚至可以用"简单"来形容，因此，如果员工的自满情绪没有高涨到极点，所有的工作在几个星期内就可以完成。但是，对于我们的领导者同伴来讲，这几个星期的时间似乎也非常漫长，因为他们没有太多将变革引入高度依赖性组织的经验，他们总是想随便抓两个人来将变革工作在一个下午就做完。

我们一旦开始着手整理房间，就要记住，变革不可能一蹴而就，我们需要按部就班地开展工作。在变革过程中，我们会发现一些流程方面的问题。在挪动书桌之前，我们需要做好一系列准备。聪明的我们可能会争取用短期胜利来保持团队的士气。但就算获得短期胜利，也会有人在变革进程走到一半时，开始怀疑变革的必要性。不增加那盏灯，顾客也可以看书；沙发旁边的椅子也没那么不舒服；顾客可以自己走到书柜前拿那些文字材料。

如果我们真想致力于解决这一办公室问题，我们总会找到使变革进行下去的合适方法。我们会安排一些善于在这种情况下搬家具的人，让他们来处理。我们会找到新的方法来讨论这些工作的整体目的，使变革的愿景传播工作不至于失效。

如果我们坚持不懈，我们会对变革项目进行一些补充。当我们熟悉了所有的电缆和绳子，我们会发现其中一些毫无用处，于是想把它们去除。绳子和橡皮带很容易就可以去除，电缆的难度似乎大一些。于是我们对于"如何进一步改善接待客户的环境"又有了一些新想法。

为什么不把百叶窗放低点防止阳光刺眼呢？但我们不会根据这些想法做出一些新的计划，却想通过投机的方法解决当前工作中的问题。有时我们会成功，有时不会。

结果是，实际需要的改变比我们一开始想象的要多，也需要投入更长的时间和更大的精力。不过，好在我们已经获得了相应的技能来拆除一些没用的电线和电缆，将来我们在做相似的事时，可能会简单一些。当然，最终的结果是，办公室的环境让顾客感觉更舒服。

组织变革

在组织中推行变革和在办公室里重新摆放陈设没什么本质的区别，都需要许多人的帮助。我们不可能一开始就很清楚变革的所有情况，因此在变革预备阶段需要投入大量的时间和精力。我们可能需要在一系列项目中采取这样的行动。随着工作量变得越来越清晰，我们可能会想要放弃。如果我们坚持到底，整个周期可能会非常漫长。

第一个显著的绩效改进可能在变革进行到一半之前就出现了。这时，有的人就会产生到此为止的想法。但是在成功的变革案例当中，领导团队往往会利用短期胜利产生的变革可信度的提升，来着手执行更多更大的计划，继续推进变革更快地推进。这样，之前在抵制之下无法开展的组织结构调整工作也得到执行。变革初期构想出的两个业务流程再造计划也开始运作。决策程序的重新设计工作也得到了安排。尽管如此，我们还得调整培训计划，修改信息体系，增减员工，引进新的绩效评估制度，才能真正执行以上三方面措施。不久之后，我们会发现，许多部分都需要实施变革。

对于那些在 20 世纪 50 年代和 60 年代被提升到管理岗位的人，他们对于 10 ～ 20 个变革项目同时进行的情况可能无法想象，而这正是大规模变革的第 7 步当中出现的情况。

提问：高管如何同时管理二十几个变革项目？

回答：他们做不到。在成功的变革案例中，高管领导总体变革，将大多数的管理工作以及具体活动的领导权都交给了他们的下属。

今天，有些公司试图通过利用 30 年前解决同一个问题的方法，同时开展 20 个变革项目，结果却往往以失败而告终。不管所用的人有多么优秀，变革过程就是无法继续。有位高管最后连续开了 16 天会，试图解决冲突和协调问题，可还是解决不了进度上的一再拖延。

上述过程之所以遭遇失败，有以下两个相互关联的原因。第一，管理方式太集权化了，难以应对 20 个复杂的变革项目。如果一些高管参与到所有变革的细节工作中去（这也正是实际工作中经常出现的），那么变革的进程将变得极其缓慢。第二，因为缺乏提供指导性的愿景和协同的必要的领导力，负责具体计划的人需要花大量的时间协调各部门的工作，防止各部门之间互相拖后腿。

公司同时运行 20 个变革项目，必须符合以下两个条件：第一，高管主要负责总体领导工作；第二，高管尽可能把管理权和更多的领导权委托给中基层人员。这样，就有 10 人、100 人甚至 1 000 人可以帮助完成这 20 个变革项目。而且更重要的是，高管为其他人提供了充分的信息，使他们可以相互协调，这样就不再需要无休止地定计划、开会。

请想象一下这样的两种情况。第一，高层领导缺乏领导力，人们在执行变革项目时，对于组织总体的愿景，以及如何设计匹配愿景的计划，都没有概念。他们只知道任务目标是把工程支出降低 20%，或重新设计部件进厂的流程，或重新设计继任计划的流程。他们在试图完成其所负责的计划时，就会发现总是和许多其他计划相冲突。于是有人告诉他们："不行，你们不能那样做，这样会把我们搅乱的。""我们今天就需要那些资源。""你为什么不提前几个星期通知我你的计划呢？"高管希望协调所有的冲突，并排列各种活动的优先顺序，但是他们没有时间。这一切最终导致变革受挫、会议没完没了、两派之间政治性竞争激烈，并最终引起某种程度的混乱。

第二种情况是，高层领导能力很强，所有人在他们的领导下理解了未来的宏伟蓝图、总体愿景和战略，以及所有的计划是如何匹配整个变革的。在这样的公司里，人们虽然从事不同的变革活动，但是他们有着共同的长期目标，不需要经常开会讨论。他们还可以预测出哪些方面会出现冲突，知道如何设计优先顺序来促进整体愿景的实现，了解他们应该做出什么贡献来推动公司前进等。在这种情况下，组织中基层的那些既有时间又有相关经验的人就可以解决这些冲突。因为高层领导指挥得当，中基层经理也会致力于整体变革，同时放弃狭隘的政治性僵化思想，为变革做出适当的贡献。

基于公司高层足够的领导力、管理，以及权力的适当下放，就可以同时操作20个变革项目。这两个因素缺一不可，否则就会出现混乱，从而使变革的第7步无以为继。

消除不必要的相互依赖

由于组织内部的相互依赖使变革变得十分困难，因此人们在这个阶段开始对其必要性提出质疑。他们要问：为什么工厂经理每个月都要把 K2A 报告送到公司总部的财务部门呢？财务部门真的需要这些数据吗？每个月都需要吗？工厂必须写这份报告吗？为什么分公司每次招聘薪水在 5 万美元以上的人员时都必须得到总公司人力资源部门的批准？人力资源部需要参与这项决策吗？如果他们的确有必要参与，那 5 万美元这个标准是不是太低了？

当高度依赖的体系使变革难以推进时，人们往往很气愤，类似上面的质疑也就越来越多。如果这些质疑得到正确的引导，就会发挥巨大的作用。任何组织都存在着一些没有必要的相互依赖，它们是历史的产物，并不符合现在的状况。例如，生产部门不同意，销售部门就不能做任何决定，这是 1954 年公司经历危机时所制定的政策。解决历史遗留问题，会使变革过程越发漫长，对于已经很疲惫的组织来说，这并不是它们所愿意看到的。但是，清除这些没有必要的相互依赖，最终可以大大简化变革进程。而且在变革日益普遍的情况下，清除房间里的无用之物也可以简化所有未来的组织结构调整及战略调整工作。

变革之路漫漫

在高度相互依赖的体系中，容易出现"牵一发而动

全身"的效应，因此，改变公司中的任何重要方面，都
往往意味着一项长达几年的巨大工程。变革的第 7 步最
长需要经历 10 多年的时间，在此期间，成百上千的人会
参与到多达数十个变革项目当中。表 9-1 列举了第 7 步
的特点。

表 9-1　成功的大规模变革中的第 7 步

- **变革不是更少，而是更多**：领导团队利用短期胜利所创造的可信
  度来实施更多更大变革项目
- **需要更多帮助**：需要引进、提拔和培养更多人来促进变革的进行
- **公司高层领导得力**：高层管理人员的焦点集中在确保全体员工对
  共同愿景有明确的认识，并保持变革的紧迫感上
- **项目管理和中基层领导**：中基层管理人员负责对具体计划的领导
  和管理
- **减少没必要的相互依赖**：为了使变革在短期和长期都变得容易一
  些，领导者需要找出并清除不必要的相互依赖

　　在这个阶段，领导力的价值无可估量。杰出的领导
者愿意从长远角度考虑问题。几十年或者是几个世纪对
他们来说都很有意义。他们认为变革愿景与其自身的利
益是息息相关的，因此，在愿景的强力驱使之下，他们
愿意坚持不懈，完成一些他们内心深处觉得非常重要的
目标。当其他人每两年变动一次工作时，他们可以在一
个初级岗位上一直坚守，为之奉献长达别人两倍以上的
时间，或者在高级岗位待上 10 多年。他们不会宣布胜
利，也不会放弃，而是会提出并发动许多在第 7 步中所

必需的变革项目。同时，他们还会努力确保变革的成果深植于组织文化当中。

由于管理工作的特点，管理者总是从较短的时间范围来考虑问题。对他们来说，短期就是指这个星期，中等期限就是几个月，而长期就是一年。因为有这样的时间概念，在 24 个或 36 个月后宣布胜利、停止变革似乎很符合逻辑。对于那些被管理思想影响了几十年的人来说，3 年就已经是非常漫长的一段时间了。

再次重申一下要点：如果没有足够的领导力，变革就会停滞，公司就很难在瞬息万变的环境中取胜。

第 10 章

成果融入文化

▼

经过多年的不懈努力，一家航空公司终于取得了显著成果：这家公司从前以内部导向，发展停滞不前，如今它以飞快的速度推出创新性的新产品。虽然公司的产品并没有在市场上占据全部优势，但是其畅销市场的产品也足以使公司收入在 5 年中增长 62%，利润增长 76%，而之前的 5 年这两个数字分别是：21% 和 15%。公司总经理退休时，对于自己为公司做出的重要贡献深感骄傲。他本可以继续留任几年的，但他没那样做：他认为变革已经实现了，成果有目共睹，他的任务也完成了。

在他离任之际，没有人完全意识到一个问题，即新的运营方式并没有深植于公司文化之中。即使有人意识到了，也可能认为这只是小事一桩。他们会说，还是多看看我们完成的变革和取得的成绩吧。

然而，这位总经理退休后还不到两年，公司的新产品开发速度和产品的市场占有率都急速下滑。任何事情都不是突然发生的，一切都是一点一滴累积的结果。开始，似乎没人意识到这个问题。一年后，一位刚从其他公司调来的高层管理人员曾就此问题提出警告，但是高管层的其他人员大多都对警告置之不理。

事后我对此分析如下：其实公司文化中有一些核心原则与变革有所背离，只是两者从来没有过正面冲突而已。总经理在任时，变革夜以继日地进行，新的运营方式得以巩固，使其影响力远远超过了公司文化的影响力。但总经理离开后，变革项目也结束了，公司文化开始再次发挥威力。

这家公司首要的价值观，即公司成立之初的价值观是"发展技术是解决一切问题的根本"。和其他公司文化原则一样，这一价值观既没有正式宣布，也没有书面陈述。当员工被问到这个价值观时，大多数人都会欣然接受，说它并不完全正确。但如果我们请管理人员喝几瓶啤酒，然后让他们放松地交谈，我们会时不时地听到他们说起"发展技术是解决一切问题的根本"之类的话。

由于这一核心价值观与变革并不直接冲突，所以虽然很别扭，但它们还是得以共存。新变革强调顾客至上，而原有核心观念强调技术。新变革目标是使公司的发展快于竞争对手，而核心观念的目的却是以按照内部技术发展的速度理性地稳步前进。

本来，一些对公司文化较为敏感的人是可以看出公司中这种紧张状态的。但是由于这一冲突太过细微了，大多数人都没有察觉到。无论是新愿景的沟通，管理人员的强化巩固，绩效评估制度变革，还是其他措施都强有力地支持变革实践。然而，我们似乎还是可以听到深层次文化的声音，它们一直在强调"……技术，技术……"并试图夺回其原有的地盘。

因为没有人直面这个问题，所有公司没有采取什么措施巩固这些新的变革实践，使它可以深植于公司文化核心，甚至可以强大到取代公司的核心观念。浅的根系需要不断灌溉。总经理和其他变革负责人在的时候，每天拿着水管浇水，因此一切正常。可是一旦没人灌溉了，这些"植物"（变革实践）就会变干、枯萎直至死亡。其他那些植物，虽然在之前曾被剪短，但是因为其根基牢固，于是很容易再次枝繁叶茂。

在总经理退休后6个月，管理人员开始更加频繁地提出业务优先以及管理方式方面的问题。虽然并没有证据显示公司的技术处于劣势，但是人们却说："恐怕我们一直以来都忽视了技术问题。再这样下去，我们会有麻烦啊。"在工程师、市场营销人员、销售人员和顾客一起开会时，这也招来不少争议。有人说："工程师花这么多时间和顾客见面，而不用在自己的工作岗位上，公司肯定会慢慢失去优势。"公司有一个竞争对手，在行业排名第七，却也突然成了学习标杆。"我最近听说他们的研发投入要比我们公司多20%。我们现在是不改不行了。"

总经理退休后12个月，公司对运营方式做了很多小的调整。这些调整几乎都没有经过高层领导的明确讨论和确认。但是除了那些新加入的高级管理人员，其他人都对此表示默许。总经理退休后24个月，一些变革实践倒退到4年前的样子。没过多久，公司就出现了第一个明显的绩效问题。

公司文化的威力何以如此巨大

提问：一个聪明能干的高管团队，怎么会允许那样的事情发生呢？

回答：因为高层管理人员都是电力工程师、MBA 等教育背景，这些教育背景以及公司培训都没有怎么强调组织文化，尤其是没有告诉他们公司文化对公司发展有何等重要的影响。他们大部分的职业生涯都是在管理过度、领导不足的公司中度过的，这使公司文化更加成为他们的盲点，因为公司文化（以及愿景）更多地属于领导的范畴，就像组织结构（及系统）更多地属于管理工具范畴一样。

文化是指某一人群的行为规范和共同价值观。行为规范是普遍深入某个集体并持续多年的行动方式。文化之所以会持续多年，是因为人们倾向于按这种标准行动，并将它传授给新成员；符合要求的行为会受到嘉奖，而违反要求的行为将受到惩罚。共同价值观是一个集体绝大多数人的共同关注和目标，共同价值观会塑造群体成员的行为方式，并具有持续性，即使群体成员发生变动，也不会影响其作用的发挥。

人们往往发现，在大公司里，公司文化会影响公司的每一个人；另一些文化会影响到公司内的次级群体，如市场营销导向的文化、底特律的办公室文化等。不管层级和区域如何，文化都是很重要的，因为它可以强有力地影响人们的行为；要改变它却是难上加

难，因为人们几乎看不到它，也很难和它直接接触。通
常，共同价值观在公司文化中没有行为规范那么明显，
但它深植于公司文化中，所以比行为规范更难改变（见
图 10-1）。

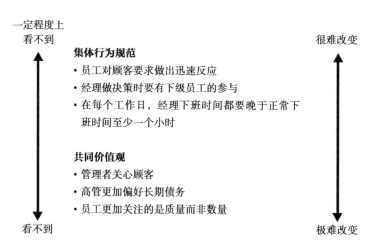

图 10-1　公司文化的组成部分：一些例子

资料来源：From *Corporate Culture and Performance* by John P Kotter and James L. Heskett.

　　如果新的变革实践和公司文化不相容，它们就会让
位于公司文化。工作组、部门或整个公司花了好几年时
间进行变革，而最终却可能毫无结果，就是因为这些新
方法没有深深扎根于公司的行为规范和价值观当中。

　　为了更好地理解公司文化为什么如此重要，请考虑
一下这样的场景：你大学毕业时，收到了三家公司的录

用通知书。其中一家公司对你非常热情，你与这家公司的员工在一起也很愉快，于是你决定去这家公司工作。作为一个只有 21 岁的年轻人，你天真地认为你被这家公司选中是因为你的成绩记录、技能、纯真的性格和优秀的潜力。你还认为，你之所以接受这家公司的工作，是因为从客观上来说这家公司非常优秀。而关于另外一个隐蔽的标准——公司文化，你却不得而知。

录用你的人不会明确地说："我们雇用你的一个主要原因是我们认为你会融入我们当中，你的价值观和信念符合我们固有的模式，你会比较容易适应我们的行为规范。"他们不会这样说，因为他们也意识不到公司文化标准在招聘的过程中发挥了极大的作用。你在接受工作时，也没意识到其实你将"价值观的符合度"当成了一个重要的评判标准。结果就是，你和其他新员工都属于所谓容易被"社会化"的人，所谓"社会化"就是将公司标准和价值观灌输给员工的过程。

上班第一年，你非常希望做出成绩，因此你非常留心其他人是如何得到领导认可并得以提升的。只要这些做法不很愚蠢，没有违背道德，你都会试图采用。通常重要的经验都不是从新员工培训和员工手册上可以学到的。对你真正产生影响的是，有一天你的上级把你做的工作批评得一无是处；或者有一天你在会上表达了自己的想法后，全场立刻鸦雀无声；或者有一天一位年纪较大的秘书把你拉到一边，对你提出警告。结果，你正是通过这些事情了解了公司文化，并受到同化。

在接下来的20年里，你每30～50个月就被提拔一次。这样，公司文化就越来越成为你本能的一部分。实际上，你之所以获得升职，一个原因就是你符合那些有提拔权的人的要求，同他们相处得也很愉快。久而久之，你潜移默化地就把公司文化传授给了新员工。等你到了50岁时，你已经是一名高层经理，似乎已经忘记了公司文化的存在。因为你在这种氛围中已经生活了太长时间，而且从一开始就可以和它相处融洽。你和公司文化的关系就像是鱼和水。公司文化虽然无形，却存在于公司的每个角落；它对你影响巨大，而你却没有意识到它的存在。正如鱼从水里获取空气和食物一样，通过公司文化，你可以预知未来，获得积极的强化，并对公司产生强烈的感情依恋。

在很大程度上，公司同代人当中的大多数都与你有着相同的经历。公司选择你们主要是因为你们的文化相容性，你们也都经历了几百或几千个小时的公司文化（行为规范和共同价值观）的灌输和熏陶。你们也都在同样指导着年轻一代。

公司文化作用巨大主要由以下三个原因形成：

（1）员工的挑选与文化宣贯是与公司文化相一致的。

（2）公司文化通过成百上千名员工的行为发挥作用。

（3）这一切都是在没有太多意识的情况下发生的，因此很难对它提出质疑和讨论。

一些对公司密切关注的外部人士，如咨询顾问、行业销售代表，都非常清楚公司文化是如何在人们的不知不觉中发挥作用的，他们甚至对公司文化中的某些不同寻常之处也相当了解。我现在还记忆犹新，大概20年前，我去过一家大型出版公司，发现那里11位男性高层管理人员当中有8位的身高都不超过173厘米（公司创始人的身高是168厘米）。当时，我在毫无准备的情况下对公司提出了一些个人意见。当我提到身高这件事时，虽然我没有任何指责之意，可房间里的人都像看外星人一样看着我。我还去过另一家公司，他们最初生产的主要产品是炸药。一个多世纪以来，安全问题一直是公司的困扰。几乎所有的管理人员在上下楼梯时都会紧紧抓住楼梯扶手，好像他们都已经99岁了一样。

由于公司文化的作用如此重要，因此，在流程再造、组织结构调整或收购过程中所提出的新准则必须扎根于公司文化之中，否则它们的生命力就会极其脆弱，容易夭折。

当新的行为习惯融入传统文化

在许多变革中，公司传统文化中与变革愿景不相协调的不是核心的观念，而只是一些具体的行为规范。这种情况下，公司的挑战在于将新的行为习惯嫁接到原来的根基上去，同时去除那些不协调之处。

有一家在行业中处于领先地位的工业设备制造厂，其公司文化的核心理念一直是"顾客至上"。早些年里，公司创始人围绕这个观念设立了许多行为习惯，这些行为习惯后来一直被后人践行。到了 20 世纪中期，这位创始人已过世多年，而"顾客至上"的传统在这家公司也已经有了 100 多年的历史。于是高级管理人员决定把这个理念转变成明确的制度，以便传承给越来越多的员工。到 1980 年的时候，这些制度写满了 6 大本，每本都差不多有 8 厘米厚。从此，"按书上说的做"就成为根深蒂固的公司习惯与文化标准。

1983 年，一位新任 CEO 成功地推行了一次变革。到 1988 年时，旧的程序手册被弃用，取而代之的是更加适合 20 世纪 80 年代的一套"顾客至上"的行为准则，新准则比老准则要精练得多。但是 CEO 也深知，虽然那旧的手册不再放在人们的案头了，但是老观念仍然深植于公司文化之中。对此，他采取了如下措施。

在年度管理工作会议上，他让三位下属将好多本旧手册放在讲坛边，然后登上讲坛，作了如下主题发言：

这些书多年来使我们受益匪浅。它将我们多年来的智慧与经验汇编成册，为我们提供了宝贵的借鉴。我相信正是因为有了这样的程序，我们千千万万的顾客才受益良多。

在过去的几十年里，我们所处的行业发生了一些重要变化。过去我们只有两个竞争对手，现在是 6 个。过去每 20 年推出一代新产品，现在是差不多每 5 年就要推出一代产品。过去顾客对于"48 小时内提供服务"非常满意，而现在他们希望在 8 小时以内得到服务。

但在新的形势下，我们面前的这些曾经辉煌的经验渐渐呈现老态——无法满足顾客的需求。它们不能帮助我们很好地适应不断变化的环境，延缓了我们发展的速度。20 世纪 70 年代后期就开始有迹象表明它们已经落伍了。虽然我们继续努力按顾客需求行事，但我们的顾客却不满意，而这已经体现在公司的财务状况上。

1983 年，我们决定必须采取某些措施，改变这种现状，不仅因为我们的经济效益下滑，更重要的是因为我们的做事方式已经偏离了我们的愿望，也偏离了多年来我们一直做得很好的方面——以出色的方式满足顾客的

需要。因此，我们重新考察了顾客的要求，并在过去的
3年里对许多原有的行为准则做了调整来满足顾客需要。
于是，我们把它们（他指那些书）放到了一边。

我相信，我们所有人有时都会担心我们所做的事是
否正确，但现在情况已经很清晰了。

他继续就这个问题详细回顾了顾客满意度调查，调
查显示顾客对公司的评价有所提高，而且这和新的变革
举措有直接的关系。

虽然我们所处的商业环境竞争十分激烈，我们还是
一如既往地尊崇"顾客至上"的传统。今天我们占用时
间谈这些是有原因的。我知道在座有些人是前几年刚加
入公司的同事，将这些书看成一个笑话，看成官僚主义
和无知盲目的表现。但我告诉你们，这些书这么多年来
对我们公司的帮助很大。我还知道在座有些人不愿看到
这些书被弃用，你们可能不会承认，但在你们心底就是
那样想的。它帮助我们取得的成绩是毋庸置疑的。今天
我想让大家和我一起向这些书说再见。这些书就像走完
一世辉煌的老友。我们必须承认它对我们做出的贡献，
然后继续向前发展。

演讲总共持续了30分钟，听起来像写给亡者的一篇

颂词。通过 CEO 的讲话，我们仿佛看到他正在满怀崇敬地埋葬一套老的行为习惯，同时确保替代者同公司的核心观念牢固相连。如果仅靠理性分析，我们实在看不到这次演讲的必要性。但是人类是感情动物，这是我们不能忽视的事实。

从我所看到的来说，那位 CEO 的讲话和随后的相关举措都取得了巨大的成功。过去，对于有些员工，特别是年龄较大的员工来说，"按书上说的做"几乎成为一种条件反射。而现在，更多人还是对 CEO 的举措表示支持，并愿意实施更加合理的措施。这个成果已经不小了。

在接下来的几十年里，我们还不得不做许多类似的局部文化调整。全球化的加剧会不断带来这样的问题。例如，在韩国或俄罗斯的新分公司，在顾客导向（或成本控制）等方面，和总公司愿景所要求的不完全相同。问题不是说国外分公司实行的是反对顾客导向或成本控制的措施，解决的途径也不是在首尔完全照搬纽约总部的模式。它们所面临的挑战是如何将公司关键的价值观同国外分公司已成型的公司文化相融合。

今天，擅长此道的公司并不多。我们不是忽视行为规范和价值观，就是霸道地把我们的行为规范强加给员工。从当前经济全球化的态势来看，我们必然会在不久的将来直面这一问题。

当新的行为习惯取代旧文化

即使新的行为习惯同公司核心文化比较一致，也很难使它扎根于公司文化当中。当它们之间不一致时，那更是难上加难了。

以一家1928年成立的公司为例。它的公司文化主要是在经济大萧条时期形成的，所以整个公司文化即使称不上是"风险规避型"，也绝对是"保守型"的。公司在20世纪80年代后期发展缓慢，新的高管团队试图采取大变革措施，但传统的公司文化同这些"敢于冒险"的新举措之间产生了矛盾。即使管理班子表现出对这些举措百分之百的支持，事实也证明这些举措很有效，但是公司固有文化仍然没有消失，尤其是在公司的某些部门。

这些管理者做了哪些工作呢？简单来说：

（1）他们列举了大量的证据表明绩效改进和新的行为习惯之间的关系。

（2）他们列举大量证据告诉人们旧文化从何而来，以及多年来它是如何帮助公司发展的，又说明为什么现在它不再适用。

（3）他们为55岁以上的员工制定了极富吸引力的提前退休优惠政策，确保新公司文化的支持者留在公司。

（4）他们保证在新招聘过程中绝对不会依照旧的行

为规范和价值观来进行人才选拔。

（5）他们尽量不提拔那些不发自内心支持新变革举措的人。

（6）他们确定的三位新 CEO 候选人没有受到经济大萧条时期文化的任何影响。

虽然人们付出了巨大努力，但是要彻底消除旧文化，创立新文化还是很难实现的。共同价值观和集体行为规范是持续性的，尤其是前者（见图 10-1）。当公司选择雇用一些个性与公司共同价值观相适应的人时，共同价值观就又得到巩固和支持，要改变公司文化就需要换人。即使不存在员工个性与愿景不相容的现象，如果这一价值观是公司多年经验的产物，公司要实施新的变革，也必须要有多年的新经验的积累才可以。

正因为如此，文化变革要放在整个变革的最后环节，而不是开始阶段。

文化变革是最后，而非最先的环节

过去 15 年，有一种变革理论广为流传，简单归纳如下：团队变革最大的障碍是文化。因此，公司要进行重大变革，第一步就是改变行为规范和价值观。一旦公司文化发生了改变，变革就变得更加可行，而且容易见效。

　　我一度对这种观点深信不疑。但是，过去 10 年我看到的很多案例都告诉我这一模式是错误的。

　　文化变革并非易事。你不可能把它抓在手里，再把它折成新的形状。因为你根本抓不住它。你只有成功地改变人们的行为，而人们新的行为方式为团队持续创造了一定的收入，并且人们认识到新的行为方式同绩效改善有直接联系之后，文化才可能发生改变。因此，文化的改变发生在第 8 步，而不是第 1 步。

　　这并不是说，在变革的第 1 步关注文化问题就不重要。你对现存文化理解得越好，就越容易想出办法来树立紧迫感、组建领导团队、设计新愿景等。这也不是说在变革的早期阶段行为改变不重要。例如，在第 2 步中，我们就试图改变领导团队的一些行为习惯，促进大家的团队合作。这也不是说，态度的改变不是第 1 步的重要内容。只不过关键的行为规范和价值观改变是在变革过程比较靠后的阶段发生的，或者至少是变革过程每一阶段的最后一步。所以，如果变革中的一个部分与 X 部门的流程再造项目有关，那么这个项目的最后一步就是使流程再造的成果扎根于这个部门的文化之中。

　　以下这条经验很好：不论你在何时，一旦听到组织结构调整、流程再造或是战略更新等变革项目的第 1 步是"改变文化"，你就要小心了，因为变革可能已经误入歧途。

　　人们的态度和行为的改变大都从变革的早期阶段开始。这些改变可以引起工作方式的改变，从而使公司以更低的成本生产出更好的产品，或者提供更好的服务。但是只有到了每个变革周期的末尾，所有的变化才能沉淀于公司文化之中。

　　过去10年中，我看到过很多这样的例子，人力资源高级副总裁被任命负责"改变公司文化"，但当时公司的总体变革还未起步，或者他们执行的任务只是公司整体变革的前奏。通常，这些人力资源管理者在几年中一直努力想为公司做出贡献。他们拟订了文件来陈述理想的价值观和团队行为规范，并在开会时将这些信息传达下去；有时还会举办培训来传授这些价值观。但是由于职位权力有限，他们没有能力推行影响整个组织的重大变革。他们所接受的任务的基本理念——改造旧文化，促进新文化的形成，注定了变革从一开始就不可能成功。

　　一些观察家对这种案例及案例中的人不以为然，但是我却经常发现这些管理人员是非常聪明、有献身精神并且真抓实干的人。他们的失败经验更多地告诉我们，改变公司文化的确是无比艰难的（表10-1总结了变革成果融入文化的主要特征）。

表 10-1　变革成果融入文化

- **不是最先做，而是最后做**：在大多数情况下，行为规范和共同价值观的改变都是出现在变革的最终阶段
- **以成果为依托**：只有在有证据清楚显示新方法比旧方法更有效时，新方法才可能沉淀于公司文化之中
- **需要大量交流**：没有口头的指导和支持，人们往往不愿意承认新举措的效果
- **可能引起人员调整**：有时改变文化的唯一途径就是更换关键人物
- **继任决策至关重要**：如果不改变人员晋升程序以适应新的行为习惯，那么旧文化可能会卷土重来

正是因为变革如此艰难，变革的过程才有 8 个步骤，而不是 2 个或 3 个步骤；变革才需要花费很长的时间，并需要大多数人员发挥强大的领导力。

第三部分

对21世纪的启示

LEADING CHANGE

John P. Kotter

CHAPTER 11

第 11 章

未来的组织

▼

　　在商业世界，变革的速度无论何时都不会放慢脚步。大多数行业中的竞争在未来的几十年里会日益激烈。在经济全球化、技术创新及社会发展趋势的推动下，世界各地的公司将面临更多的机遇和挑战。

　　在快速变化的商业环境里，20 世纪的典型组织将无法运转良好。组织的结构、制度、行为习惯以及文化等，对变革更多地起到阻碍作用，而非促进作用。如果环境变化速度继续加快——大多数人都是这样预计的，那么 20 世纪的典型公司都会像恐龙一样成为历史。然而，什么样的公司才能在 21 世纪中生存并取胜呢？猜测未来总是冒险的，但是本书的讨论会极富启发意义。

持续的紧迫感

　　除非将自满情绪控制在很低的水平上，否则组织的重大变革是永远不会成功的。相反，高度的紧迫感对于变革的任何一个阶段的顺利完成都大有裨益。如果外界变化越来越大，那么任何组织都必须使其紧迫感保持到中等至高等水平，才能在 21 世纪取得胜利。20 世纪公司的那种长期的平静和自满，伴之以短期紧张的模式，将不再适用于 21 世纪。

　　高度的紧迫感并不是指慌乱、担心或害怕，而是指一种没有自满情绪的状态。在这种状态下，人们总是同时寻找问题和机会，其行为规范是"现在就动手去做"。

　　组织想要保持高度的紧迫感，首先需要的就是比现在高效得多的绩效信息系统。组织将财务账目数据按月份或按季度分发给少数人的传统做法将成为历史。组织将有更多的人更加频繁地需要有关顾客、竞争对手、员工、供应商、股东、技术发展和财务方面的数据，而且他们需要这些数据的频率也会大大增加。如果仍然按照现在的方式建立这些数据系统，那么组织就不会获得很好的发展。我们需要建立一种系统来提供真实而未加掩饰的信息，有关绩效的信息更要如此。

过去 10 年，许多公司采取了重要措施来建立新型的绩效反馈系统，更频繁和精确地为更多的人收集许多宝贵信息，特别是关于顾客满意度的信息。同样，经理人员更加频繁地会见顾客，尤其是那些有意见的顾客。到目前为止一切都很好，但我们还有很长的一段路要走。今天，大多数公司的普通职员还是看不到有关其本人、所在团队或部门以及整个公司绩效的数据。

要创建这些系统并有效地使用它们的成果，21 世纪的公司文化必须要比现在更加重视开诚布公的讨论。那些政治性的礼貌、表里不一的外交手段、屏蔽坏消息的行为规范都必须要改变，虚伪的对话也该改变了。

如果有些读者多年来一直工作在某个无可救药的染上了公司政治的组织中，那么他们可能会认为这个目标是毫不现实的。对此，我只能说这种坦率诚实的文化的确存在，我也曾经目睹过。创立这些行为规范的确很难，但也并非不可能。通常，这一变化由一位有权力的人推行，由他身体力行来传播给另外一些人，从而产生团队效应，推动其在更广范围内传播。

将组织外部的有效数据加以合并整理，在组织内部进行广泛沟通，对反馈意见进行公正的处理，这些都对摒弃自满情绪有很大的帮助作用。而紧迫感的增强也使公司更易于推行变革，更好地应对不断变化的环境。

高层领导的团队合作

在一个节奏缓慢的社会里，组织所需要的只是一位好领导，而高层领导的团队合作并非必不可少。在一个中等节奏的社会中，为了推进周期性的变革，团队合作很有必要，但多数时候，旧模式仍可以发挥作用。而在一个飞速发展的社会中，团队合作几乎时时刻刻都在发挥着巨大的作用。

在不断变化的环境里，无论多么杰出的人，也没有足够的时间和专业知识来获取那些关于竞争对手、顾客和技术的瞬息万变的信息。他们没有足够的时间把重要决定传达给数百人或数千人，也没有超凡的能力或技术，单枪匹马地说服那么多人为变革奉献。

可以想象，就在不久的将来，公司的高层领导继任计划将不再采取选拔一个替换另一个的做法，而是选拔核心领导团队。明智的领导团队的基本成员各就各位后，新任 CEO 就更易于建立领导团队来推进变革。这样，本来需要几个月甚至几年时间才可以建立起来的领导团队，其建立时间就大大缩短。

我也能够想象有这样一天，那些以自我为中心的人

和搬弄是非的人将从晋升名单中消失，不论他们多么精
明，工作多么努力，教育背景多么好，因为这些人会扼
杀团队合作精神。现在他们可能只是造成一些问题，但
是在一个变化更加快速的社会当中，这些问题所造成的
后果可能是让人根本无法接受的。

这两个建议（组建领导团队而不是提拔个人，不再
提拔以自我为中心的人和搬弄是非的人）需要经过充分
的争论才会被人们接受。让领导团队取代个人领导是比
较偏激的想法，对于长期推崇个人英雄主义的美国来说
更是如此。而"不提拔精明而出类拔萃的人"相对来说
虽然没那么偏激，但如果不经过一番较量就想让那些以
自我为中心的人和搬弄是非的人下台是不可能的。请想
象以下的一段对话：

"真是荒谬，尼克既聪明又有活力，我们如果不提拔
他，这会让公司里其他年轻人怎样想呢？"

"我们这么做，就是告诉年轻人，关心自己超过关心
公司的做法是不能被接受的。"

"你怎么知道他不关心公司呢？他是有些以自我为中
心，但是有天赋的人绝大多数都这样。"

"那为什么好多人似乎都不喜欢他呢？"

"嫉妒。有才能的人都会遭人嫉妒。"

我认为采用这两种新的方法可以使领导者继任问题

变得更简单，因为我们不用再寻找那种轻轻一跳就可以
飞跃高耸建筑物的英雄了。我认为一些趋势（如 360 度
绩效评估）也已经给那些以自我为中心的人和搬弄是非
的人敲响了警钟。当然，采用这些新的方法会引起很大
的争议，不是很容易就可以实行的。

能够创立并沟通愿景的人

在 20 世纪，无论是在课堂教学，还是在实际工作
中，商业人员的培养都主要以管理为中心，也就是说，
人们主要学习如何计划、预算、组织、人员招聘、指挥
和解决问题等。到了 20 世纪 90 年代，人们才开始重视
培养领导力，即那些可以创立并且沟通愿景和战略的人。
因为管理主要是处理现实问题，而领导则主要应对变化。
在 21 世纪，我们必须善于培养领导者。没有足够的领导
者，变革的中心问题（愿景、沟通和授权）就不会按照我
们所需要与期望的效果与速度得以实现。

有些人认为，培养许多领导者是不可能完成的任务。
有人说："人们要么天生具备领导力，要么根本不适合做
领导，而大多数人都属于后者。"即使我们接受这一悲观
的观点，假设 100 人里只有 1 人具备成为领导者的潜力；
如果按目前全球 57 亿人口计算，那么全世界就有 6 000

万人具有成为领导者的可能性。6 000 万也已经是个很大的数字了。如果我们可以帮他们发挥领导才能，那么我们就有足够数量的领导者来引导公司在迅速变化的 21 世纪健康发展。

上两个星期课程或接受四年大学教育对于发展一个人的领导才能是有益的，但还很不够。很多复杂的领导技能需要几十年的时间才能培养出来，这也是我们强调"终身学习"的原因所在。因为我们大部分醒着的时间都花在工作上，所以我们的能力是否能够得到发展，基本上取决于我们的工作。话虽简单，但意味深远：如果我们投入到工作中的时间对于我们领导才能的发展有所帮助的话，我们就可以最终释放我们的所有潜能；相反，如果我们投入到工作中的时间对于这些领导技能的发展作用甚微，或根本不起任何作用，那我们就永远无法开发我们的潜能。

官僚风气严重的公司不会给人们自由发展的机会，从而埋没了有领导能力的人。在这样的公司里，具备领导潜能的年轻人几乎没有好的楷模可以模仿，而且公司也不鼓励他们去从事领导工作。如果他们超越权限、质疑现状或做出冒险举动，他们就会受到处罚。在这样的公司中，人们的领导潜质受到排斥，只能学习如何适应这种官僚主义的管理方式。

在 21 世纪，成功的公司更像是领导者的孵化器。在一个瞬息万变的社会中，浪费才能就等于浪费金钱。要挖掘领导才能，需要组织结构更加精简，管理更加宽松，公司文化更加鼓励冒险。把具备领导才能的人限制在很小的空间里，对他们进行精细的管理，只能造成越来越多的负面后果。公司需要鼓励这些具备领导能力的人率先尝试领导小规模的团队，这样一方面可以帮助公司适应不断变化的环境，另一方面也有助于他们的个人成长。通过大量的尝试与失败、锻炼与激励，他们最终是可以发挥自身最大潜能的。

在过去的10年里，我们做了许多相关的努力来创立这样的组织。如果有人对我们建立领导者孵化器的能力持悲观态度的话，那就请仔细看看所发生的一切吧。当然我们还有很长的路要走，如岗位工作定义狭窄、反对冒险的公司文化和执行微观控制的上级在太多的组织仍非常普遍，尤其是一些大的公司和政府组织。

广泛授权

公司每位成员的心和脑必须适应不断快速变化的商业环境。如果员工没有得到足够的授权，关于质量的批评意见就不会对他们的思想造成什么触动，他们也就不会打起精神来实施变革措施。

培养领导人才所需要的许多组织特性，对于员工授权同样重要。这些促进因素包括更少的等级层次、更少的官僚主义和更勇于冒险的精神。另外，在不断变化的世界中，授权在具备下列特征的组织中会起到最佳效果：高层经理集中负责领导工作，而将大部分管理责任分配到中基层管理者负责。

据我所知，今天，竞争激烈的行业中的最佳公司里，高管的大多数时间是在领导，而不是管理，从事具体管理工作的是那些被授权的员工。我确信，虽然这种趋势在未来几十年里会受到来自守旧派管理者和员工的阻挠，但它还是会一直持续壮大的。

如果你难以想象目前出现的授权规模，那就请你观察一下目前变革中的公司，如高科技公司以及正在竞争中蓬勃发展的专业服务组织。这些公司的等级层次简单，官僚主义淡化，敢于冒险。员工自己管理自己，而高管则为客户项目、技术发展或顾客服务提供领导。这种管理模式已经经过市场考验。在高层管理者的正确领导下，这一模式运转效果极佳。

授权管理，以实现卓越的短期绩效

商业预言家声称，我们熟知的管理将在 21 世纪消失。未来真正有影响力的将是那些富有远见且能鼓舞士气的人。那些成天担心存货指标是否完成的杞人忧天者将被淘汰。

但是，这不切实际。

即使是在飞速发展的社会，也需要有人保证当前的体系按照预期的方向发展，否则，领导者就会失去人们的支持。对未来心存美好愿望并为之奋斗是很好的，但是如果没有短期胜利证明变革路线是正确的，你就没有机会去实现美好的愿景。

本书中讨论的公司都将大量权力授予了中基层人员，优秀的管理表现说明被授权的员工很好地承担起了管理的职责。但这也同样表明，员工一定要接受全面的管理培训，而且需要合适的制度体系支持。事实上，目前这样的公司还是少数，即使有一些公司授予员工一些权力，员工也得不到全面的培训，且没有其他形式的帮助。相反，这些公司的培训和制度体系设计仍在迎合臃肿的中层管理系统。

改变这种现状，更多的是在人的态度方面，而不是技术或经济方面。"不行，这些培训是为经理开设的。"有人会这样说，也就是说你至少在成为管理者之后，才有资格享受参加培训的待遇。有人提出改变控制体系的建议，得到的回答是："我们不能对所有的人公开信息。"

于是问:"为什么不能呢?"他们回答如下:

(1)"因为安全问题。"但真正的问题是,谁的安全问题?某些部门或产品的不良绩效被大家得知后,是会伤害到整个公司,还是会使一些管理人员难堪,让一些人产生压力呢?

(2)"因为他们不知道该怎样处理这些信息。"事实上如果他们接受了培训,他们是会知道的。

(3)"因为费用问题。"真是奇怪。把管理权授予员工之后,原来由那些年薪5万～20万美元的人所做的工作将由年薪只有2万～5万美元的员工来做,那么除非公司继续保留多余的中层管理岗位,否则工资成本的节省将大大超过任何培训或新体系的花费。

如果公司将更多的权力授予员工,就会简化组织层级,相比那些保留大量反对变革的中层管理者的公司来说,更加容易控制。仅这一点就足以使我们在今后几十年里更多地实行授权,而不去计较有多少看法对它不利,有多少理由认为它不好。

消除不必要的相互依赖

所有的组织都存在着一些没必要的人与人之间、部门之间的相互依赖。例如,一家德国子公司在做出任何决定之前都要征求总公司的意见。这一子公司每周都要向下属工厂发送多份报告，而其实根本没人理会这些报告。这种现象是 1965 年的某些问题造成的，当时，公司设立了一个规矩：工程人员需要在会议上向营销和生产人员做相关陈述。在今天，信息技术的出现早已使信息的传达更快更便捷，但这一会议形式直到今天也没被取消。在一些公司里，类似这种毫无意义的相互依赖大量存在，使变革变得异常复杂。虽然局外人会认为这很愚蠢，可是局内人却早已对此习以为常，也不愿意做出改变。

21 世纪，快速变化的经济环境使得组织需要通过更快、更经济的方式与下属组织建立密切联系。20 世纪残留的相互依赖关系，如果没有什么价值的话，就不要再容忍下去。从这个意义上说，21 世纪的公司会比现在的公司精干得多，没有太多复杂的组织结构和程序，这会使公司发展更加顺利、更加迅速。

在发展更加迅速的环境中，公司持续精简组织将是一种常态。21 世纪的高效率公司会定期重新审视部门之间的相互依赖，并清除那些毫无意义的依赖关系。

同样，有些读者可能觉得上述现象无法想象，那我可以肯定地说，现在这种情况虽然并不普遍，却已经实实在在地发生了。据我的了解，许多公司虽然仍由创始人经营，但它们也几乎使出浑身解数来使部门间的相互依赖程度降低到市场需要的最低限度。做好这件事并不容易。这种相互依赖使某些人获得了实实在在的权力，使他们不愿放弃。依赖已变成一种习惯，要确定哪些依赖仍有意义，哪些依赖只是历史遗留问题并不容易，特别是在缺乏远大愿景和战略指导的公司里更是如此。然而，现在还是有些人对这一问题给予了极大关注，并且取得了巨大的成功。

建立适应性的公司文化

总而言之，我谈到的所有这些实践都会帮助公司早日适应快速发展的环境。公司建立并遵循这些做法就是创立适应性文化的过程。

在20世纪，我们发现公司中的群体行为规范和共同价值观往往成为变革的障碍。实际上，如果组织文化重视绩效导向，支持高效的领导者和管理者，支持团队合作，支持精简机构，反对官僚作风和过度相互依赖，文化就能够极大地增强组织的适应性。

建立这样的公司文化也是一个变革的过程，也需要提高紧迫感、建立领导团队等。在今天的大多数行业中，公司感受不到太大的文化变革的压力，因此这一活动很容易就被拖延。"让下一任管理者来做这些工作吧。""事情还没那么坏，看看上个季度的净利润就知道了。"

如果你这样想的话，不要忘记一个事实：在你的行业当中至少有一个竞争者并不这么想。

真正具备适应性文化的公司会成为强大的竞争机器。它们可以更快更好地提供卓越的产品与服务。它们可以绕过庞大的官僚组织而高效率地运转。即使它们拥有的资源、专利和市场份额都相对较少，但它们还是可以在竞争中不断取得胜利。

那些被迫加入到组织结构调整、质量提升计划和其他类似变革中的人，在这些变革的成效不是很明显时，总是会担心不断变化的适应性公司将变得非常糟糕。实际上并非如此。就我目前为止看到的，这样的公司相对于目前的一般公司而言更有成功的希望。不要忘记，在这样的公司里，变革并不是为了满足个人的自我抱负，也不是对过去事情做出的反弹反应。其真正目标是生产出越来越好的产品，提供越来越好的服务，以更低的成本满足人们的需求。在这样的环境里生活并取得成功，你会觉得是一种享受，因为你觉得自己做的事情很有意义。变革的节奏的确需要人们去适应，特别是，如果你在旧式的官僚主义气氛浓重的组织中已经度过了很多年的话。但是，经过一段时间的适应，大多数人似乎都很喜欢这种充满活力的环境。它充满挑战和乐趣。成功是一种享受。对我们大多数人来说，能真正做出一点贡献是一件再惬意不过的事了。

由此及彼

表 11-1 中总结了本章讨论的问题。从中我们会发现我们所讨论的是大量根本性的变革。这么重大的变革是不可能一蹴而就的。

关于变革的必要性，最主要的反对观点是公司也可以通过一点一滴的改变来取得成功。举例来说，这里收入提高 2%，那里成本降低 5%，然后公司就可以取得成功。这种做法在某些行业也可能取得短期胜利。但是看了表 11-1，想象一下，按照这种发展速度，公司需要多长时间才可以从 20 世纪的模式发展到 21 世纪的模式呢？

此外，你想过没有，如果你现在还不赶快行动迈向 21 世纪的新模式，后果将会是怎样的？

表 11-1 20 世纪组织和 21 世纪组织之间的比较

	20 世纪	21 世纪
组织结构	• 官僚主义的 • 层级繁多 • 按照高管人员的意愿进行管理 • 公司的政策与程序使得公司内部形成复杂的相互依赖	• 非官僚主义的，公司的规则和员工较少 • 组织层级有限、精简 • 高管人员负责领导，中基层人员负责管理 • 公司的政策和程序使得内部依赖最合理，以快速有效满足客户需求
制度系统	• 很少运用绩效信息系统 • 只向高管人员沟通绩效信息 • 只向高管人员提供管理培训和制度支持	• 依赖很多的绩效信息系统，尤其是提供顾客相关信息的系统 • 广泛分享绩效信息 • 向多数员工提供管理培训和制度支持
文化	• 以公司内部为中心 • 集权 • 决策缓慢 • 公司政治 • 规避风险	• 以外部为中心 • 授权 • 决策迅速 • 公开坦诚 • 宽容冒险

第 12 章

领导力与终身学习

▼

建立和维持第 11 章中所描述的 21 世纪的成功公司的关键在于领导力——不仅高层要具备领导力，公司的中基层人员也要具备领导力。这意味着在未来的几十年里，我们不仅会看到一种可以应对更加激烈的竞争和更加快速多变的环境的全新公司，而且也会看到一批新型员工，至少在成功公司中是这样的。

21 世纪的员工和 20 世纪的员工相比，需要了解更多领导和管理方面的知识。21 世纪的经理人员需要了解和掌握更多的领导力。只有在拥有了这些领导技能后，才有可能建立和维持第 11 章中所讨论的"学习型组织"。

没有掌握这些领导技能的管理者，就不可能领导充满活力且适应性强的公司。

对于那些在传统观念下培养起来的人来说，这种观点毫无意义。在人们最熟悉的传统模式中，领导工作是少数被选中的人的事，如果广大群众想发挥领导力以推动变革的8个步骤，就会被认为是越俎代庖。也许，我们觉得我们已经摒弃了旧模式，但只要我们生活在20世纪的地球上，这种优秀人才统治论的观念就很有可能深植于我们头脑中的某个角落，并潜移默化地影响着我们的行为。

传统模式最大的错误在于对领导力来源的错误假定。简单说来，历史上的主导观念一直认为领导力是与生俱来的，是赋予极少数人的天赋。虽然我曾一度相信过这个说法，但是30年来对公司和公司领导者的观察结果却表明，这一说法并不符合事实。尤其是，旧模式几乎对终身学习的力量和人的潜能视而不见。

典型的 21 世纪高管

我与曼尼相识是在1986年，当时他40岁，是一位思维敏捷、友善、有抱负的经理人员。他的事业发展得不错，但也没什么特别之处。至少就我所知，他的公司里，没有人称他为"领导者"。我发现他有些过于谨慎，而且颇具政治性气质，就像很多其他在 20 世纪官僚组织所提拔的人一样。我当时觉得，他可以在未来的几十年内继续担任高层领导，虽谈不上能为公司做出杰出贡献，但至少可以做出一些有用的贡献。

第二次见到曼尼是在 1995 年。短暂交谈后，我发现他多了几分原先没有的深沉和老练。通过与公司里的其他人交谈，我发现很多人与我的感觉相同。他们告诉我："曼尼的变化难道不令人惊讶吗？"我回答道："是的，的确很令人惊讶。"

现在，曼尼所在公司的税后利润高达 6 亿美元。这个公司正在迅速走向全球化，并面临着随之而来的机会和风险。在我写本书时，他正领导着他的公司进行一项重大变革，旨在为公司找到更明确的定位，创造更加美好的未来。所有这些宏伟蓝图都是出自一位 40 岁时看起来还不像领导者更不像杰出领导者的人。

许多像曼尼这样的人就在我们身边。在 35 岁或 45 岁的时候，他们并没有认为自己已达到事业的巅峰，也没有放慢脚步；相反他们一直像孩子和年轻人那样坚持学习。这些传统观点的例外情况帮助我们看到在人类先天的 DNA 当中，是没有什么可以阻止其后天发展的。目前我正在撰写松下幸之助的传记（松下幸之助是 20 世纪最杰出的公司领导者之一），这本传记对这一问题的解释可以说达到了极致。松下幸之助的早期生活只能用努力和多病两个词来描述。诸如"聪明""充满活力""远见卓识""超凡魅力"等词汇都不适合早期的松下幸之助，更不要说"领导者"这个词了。然而，他20多岁时成长为一名创业者，三四十岁时成长为公司领导者，50岁时成长为大型集团变革的策划者。他帮助他的公司在第二次世界大战之后迅速复苏，吸收新技术，走向全球，持续创新，取得了别人想都不敢想的成功。之后他在其他领域又大获成功，60岁时成为一名作家，70岁时成为慈善家，80岁时成为教育家。

我相信，在21世纪我们将看到更多用毕生时间发展自身技能的杰出领导者，因为在快速变化的环境中，这种成长方式正在获得越来越大的回报。在静态社会中，我们15岁时就可以学会生活所需要的全部技能，而且只有极少数的人才有机会成为领导者。但是在快速变化的环境中，知识是永远学不完的，就算我们活到90岁，领导技能也会像日益增长的人口一样不断发展。

随着社会变化越来越快，持续进步的意愿和能力已成为个人和公司事业成功的关键。当曼尼和松下幸之助刚刚开始人生竞技时，他们并没拥有最多的财富和最大的智慧，他们成功的原因在于他们比竞争对手成长得更快。他们成功地挖掘出自身应对复杂多变的商业环境的潜能。他们在推动组织变革过程中培养出自己的超凡能力。他们通过学习而成为领导者。

个人竞争力的重要性

在日益快速变化的商业环境中，终身学习对于领导者的重要性，在一项对哈佛商学院 1974 级某班 115 名学生进行长达 20 年的研究中，得到了很好的证明。他们毕业时，极富挑战性的经济环境已经形成，尽管如此，他们大多数人的事业发展也都很出色。在试图解释原因时，我发现两个明显的因素：竞争的推动和终身的学习。这两个因素创造出非比寻常的个人竞争力，也赋予其竞争优势（见图 12-1）。因为只有竞争才能促使人们终身学习，通过学习可以提高人们自身的知识和技能，特别是领导技能，这样，人们就会具备非凡的能力来应对复杂多变的全球经济。像曼尼一样严格要求自己、学习意愿很强的人，在 50 岁时一定比 40 岁时具备更高的领导能力。

马赛尔·德保罗就是这一类人的典型代表。他出身于中产阶级家庭，在密歇根上了一所虽非一流但也说得过去的大学。他之所以被商学院录取更多的不是考试成绩，而是他在高中时期的优秀表现。35 岁以前，他的事

业发展一直不错，不过也没人预料到他后来会取得如此
超凡的成就。作为一家总部在欧洲的大型生产企业的领
导者，他的声誉虽然不错，但也称不上很好。1982年采
访他时，我从来没觉得他会与"领导者"这个词有什么
关系。可12年后情况就完全不同了。

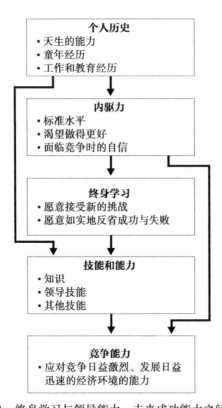

图 12-1　终身学习与领导能力、未来成功能力之间的关系

资料来源：From *The New Rules: How to Succeed in Today's Post-Corporate World* by John P. Kotter.

1994 年，他已经有了自己的公司，有几百名员工，而且相当富有。他开发了一种产品，开辟了一个市场，并创立了一家公司。在他的圈子里，他被认为极富远见卓识，与我聊天的那个人不停地向我说马赛尔是多么有领导魅力。而创造所有这一切的却是那位 1982 年没给我留下太深印象的人。

在解释马赛尔为什么会成功时，我们总是倾向于认为他是不是运气特别好，当然好运的确也曾降临他的生活。但与此同时，我们也发现他的公司曾经历坏运气和艰难的经济环境。马赛尔的事例之所以给我们留下深刻印象，不是因为他没有被这些艰难经历所拖垮，而是因为他把这些经历当作学习和成长的机会。

当公司遭遇到突如其来的经济下滑时，他也很生气，很郁闷，但绝不放弃，也不会让自我保护的想法使公司陷于瘫痪。他认真反思经济景气和下滑的历史，从两者中吸取经验和教训。面对错误，他会放下由于成功引起的自大与傲慢。他总是谦逊有礼，比别人更加仔细地观察和聆听。当他通过学习有了某些想法后，就会坚持不懈地让想法在现实中得到检验，即使冒着身陷困境的风险也绝不放弃。

虚怀若谷去倾听，大胆尝试新事物，切实反思成功与失败。这些都不需要高智商、MBA 文凭或特权背景，可是能做到这些的却只有少数人。尤其是 35 岁以后，或事业蒸蒸日上发展的时候更是如此。在其他人的事业变得停滞不前甚至衰落的时候，马赛尔、曼尼、松下幸之助等人就是通过这些简单的方法使自己不断发展的。因此，他们越来越习惯于变化，他们最大限度地挖掘了自身的领导潜能，而且帮助自己的公司适应了快速变化的全球经济。

复利型成长的力量

仔细观察马赛尔、曼尼、松下幸之助等人的经历，我们会发现他们之所以能够不断发展自己的领导技能和其他技能，很大程度上得益于复利型成长的力量。

看看下面这个简单的例子。当弗兰处在 30 ～ 50 岁时，她每年的成长率是 6%，也就是说，她每年以 6% 的成长率扩展与自己事业相关的技能和知识。她的双胞胎姐妹贾尼斯在 30 岁时和她拥有同样的智力水平、技能和知识体系。但是，在接下来的 20 年里，她每年只以 1% 的成长率成长。或许贾尼斯在早年取得成功后就开始洋洋得意，而弗兰则有过一些经历使她心里暗暗压着一团火。现在的问题是，这个看上去差别很小的学习经历到两人 50 岁时会产生多大的区别呢？

从弗兰和贾尼斯的情况看，显然，弗兰在 50 岁时要比贾尼斯多做很多工作。但是，我们大多数人都低估了弗兰的能力。人们常常认识不到不断积累会产生怎样的效果，就像我们意识不到 7% 的利率和 4% 的利率在 20 年后会产生多大区别一样。我们总是低估持续学习产生的差异效果。

对弗兰和贾尼斯来说，6% 和 1% 的成长率在 20 年内产生的差别是巨大的。例如，两人在 30 岁时，各自的事业相关能力都是 100 点的话，20 年后，贾尼斯的能力值是 122 点，而弗兰的能力值会是 321 点。她们在 30 岁时还是平手，但在 50 岁时就已完全不在一个量级上了。

如果 21 世纪的世界像美国 20 世纪 50 年代或 60 年代那样平稳、井然有序、充满繁荣的话，成长速度的差别产生的后果差异并不大。在那样一个世界里，人们可能认为弗兰比贾尼斯更成功一些，但是两人做得都还不错。社会的稳定、秩序和繁荣会在削弱竞争的同时，降低对个人成长、领导技能和能力转型的需要。但是未来并非如此。

21 世纪在要求公司必须不断学习、改变和创新的同时，也向越来越多的个人提出了同样的要求。到今天为止，还只有小部分人能够进行终身学习并在学习中发展其领导技能。但是在未来几十年，这样的人会越来越多，这一点毋庸置疑。

终身学习者的习惯

弗兰和贾尼斯是如何学习的呢？当然，她们不是在学习火箭技术，因此她们的学习习惯相对简单（见表 12-1）。

表 12-1　支撑终身学习的思维习惯

- **勇于冒险**：愿意走出舒适区
- **谦逊自省**：谦逊，对成功和失败进行坦诚的评价，实事求是，特别是对后者
- **征求意见**：向别人广泛征求想法、搜集信息
- **善于倾听**：习惯听取别人的意见
- **对新思想保持开放**：愿意以开放的思维来看待生活

终身学习者勇于冒险。他们会更加频繁地让自己走出舒适区尝试新事物。当我们大多数人稳定下来时，他们却一直在尝试。

冒险不可避免地会带来更大的成功或失败。终身学习者会更加频繁地对其成败经历进行谦逊而如实的反思，并从中吸取经验教训。他们不会把失败隐藏起来，也不会从自保的角度审视失败，那样会影响他们得出理性的结论。

终身学习者会主动征求别人的意见和看法。他们从不认为自己无所不知，也不认为别人帮不上忙。恰恰相反，他们认为：三人行必有我师。只要方法得当，他们可以在任何情况下向任何人学习新东西。

相对于一般人，终身学习者会更多地敞开胸怀，仔

细倾听别人的意见。倾听不一定会经常催生伟大的想法，也不一定得到重要的信息。但是，仔细倾听可以得到人们对他们所采取行动的反馈。没有如实的反馈，也就不可能有学习。

> **提问：**为什么我们大多数人无法养成这些看似简单的行为习惯？
>
> **回答：**因为养成这些行为习惯需要在短时期内承受巨大痛苦。

冒险会带来成功，也会带来失败。诚实的反思、仔细倾听、征求意见和思想开放，在带来好想法的同时也会带来坏消息和负面反馈。在短期内，没有失败和负面反馈的生活显然更令人愉快。

人们总是自然地倾向于逃避或放弃短期的痛苦，但是，终身学习者却可以克服这种习惯。经历过种种困难之后，他们对困难有了一定的免疫力。他们清楚地认识到终身学习的重要性。更重要的是，他们的目标和追求很大程度上促使他们形成了谦逊、开放、勇于冒险和愿意倾听的习惯。

我所认识的最优秀的终身学习者和领导者都严于律己，抱负远大，拥有真正的使命感。这些目标与追求鞭策着他们向前发展，使他们谦逊地看待自己的成就，克

服发展过程中的短期痛苦。有些人的使命感是在多年前
青年时期就已经形成，有些人是在成年后才有的，而大
多数人是这两种情况的结合。不管是哪种情况，他们都
是在远大抱负的支撑下才不至于陷入到舒适稳定的状态
中去。这种舒适状态会使人失去冒险精神，使人的思想
闭塞，开拓能力减到最低，而且不善于倾听别人的意见。

就像有挑战性的愿景可以使一个公司适应不断变化
的环境一样，没有什么比充满抱负与人本主义的目标更
能支撑促进个人发展习惯的养成了。

21 世纪的职业发展

21 世纪，更加快速多变的经济环境和对领导及终身
学习的需要使得新世纪的职业发展同 20 世纪相比有很大
的不同。

在 20 世纪，大多数成功的白领都是在年轻时找到一
家有名的公司开始工作，一边学习管理艺术，一边慢慢
按等级晋升。而大多数成功的蓝领员工是找到一家工会
组织完善的公司后，学着从事某种工作，然后在那个岗
位一待就是几十年。在 21 世纪，以上两种职业发展途径
都不会使人们过上高质量的生活，因为它们都不鼓励终
身全面学习，更不强调对领导技能的学习。

蓝领工人面临的问题更加明显。工会制度在某些情况下会限制个人发展。例如，狭窄的专业分工在设计之初虽然并没有想限制人们的学习，但它却成为一个现实存在的后果。在稳定的环境里，那些制度不会对我们的生活造成太大的影响，但是在快速变化的全球化环境里，那些制度就会大大影响我们的正常生活。

传统白领的职业发展路径确实帮助了人们学习成长，但也只限于狭隘的专业领域。例如，一个人只需要学习越来越多的会计知识（或工程、销售方面的知识），而不需要学习其他方面的知识。即使当其发展到一定阶段，也只需要学习一些管理知识，而不需要学习领导技能。

在 21 世纪，成功的职业发展将更具动态性。我们可以看到，那种按等级向上线性晋升的情况已经正在减少。长期一成不变地做同一专业的人越来越少。人们在一开始会很不适应环境动荡与多变。但是，大多数人会逐渐对此习以为常，而由这种适应性的增强所带来的好处也是显而易见的。

那些学会适应多个职业角色的人，就更容易适应变化，而且更能在公司变革过程中发挥重要作用。他们更容易发挥自己的领导潜能。由于具备更高的领导才能，他们可以更容易地帮助员工度过变革的各个阶段，在显著提高有效成果的同时把变革的不利影响减至最小。

迈向未来的跨越

出于各种原因，很多人还抱着 20 世纪的职业发展路径和成长方式不放。有的是自满情绪在作祟，他们认为自己一向很成功，为什么要改变呢？有的是因为对 21 世纪没有清楚的认识，不知道该如何改变。但是，最主要的原因是恐惧。他们看到身边的工作似乎在日益减少，听到一些可怕的消息，有人在组织结构调整过程中会被裁掉，他们担心健康保险和子女上大学的费用会没有保障。因此，他们没有仔细想过自身的发展，没有想过自身的知识更新，更没想过发挥自身潜在的领导能力。相反，他们抱着自我保护的态度，紧紧抓住现在所拥有的不放。在这种情况下，他们抓住的是过去，而不是未来。

在未来几十年里，紧抓过去不放的结果是效率日益低下。我们应该开始学习如何应对变化，如何发挥我们的领导潜能，如何帮助我们的公司进行变革。尽管风险重重，但是，我们还是应该实现迈向未来的跨越，越早越好！

作为一位组织发展的长期观察者，我觉得我有一定的权威说这样的话：努力拥抱未来比紧抓过去不放要快乐得多！这并不是说我们很容易就可以成为 21 世纪公司的一员。但是，那些一直努力使自己更加适应变化，发展更多领导才能的人，都是受到一股力量的驱使，即他们所做的是正确的选择，无论对自己、对家人、对公司来说都是如此。这种意志可以给身处困境的他们以力量，鞭策他们不断向前发展。

如今，组织高层的领导者，在鼓励人们实现跨越，帮助人们克服恐惧和痛苦，拓展人们的领导能力的工作中，为全人类发展所做出的贡献意义重大而深远。

我们需要更多这样的领导者，而且我们也将是其中的一员！

赞　誉

《领导变革》这本书的价值不可估量。无论公司大小，其思想和方法都非常适用。本书改变了我的管理风格，相信其他人也能够从中受益。

安德鲁·布鲁斯通（Andrew S. Bluestone）
Selective Benefits 集团 CEO

本书提供了一个领导变革的路线图，全面介绍了公司应该注意的问题迹象，并指出其中所隐含的潜在威胁。通过强调推行变革需要培养紧迫感，科特指出，如果变革 8 个步骤中的前期工作不足，就预示着变革将归于失败。相信如果变革领导者能够按照书中的步骤全面有顺序地推行变革，定会对组织绩效改进做出更大贡献。

琳达·伯吉斯（Linda Burgess）
The Burgess 集团 CEO

本书非常前瞻地提出了在当今快速变化的商业环境

中，组织与个人需要做出的改变。

欧内斯特·格里克曼（Ernest I. Glickman）
永道国际会计咨询公司 Harbridge House 分公司 CEO

这是一部伟大的著作！在我读过的所有著作当中，本书最为准确地捕捉和描述了现实世界中的影响力量。我简直无法用语言来表达我对本书的喜爱之情。

理查德·吉普（Richard A. Guipe）
Tessco Technologies 公司总经理

对于所有希望在组织当中推行变革的 CEO 来说，本书是不可多得的资源。我希望可以和所有同事分享本书的真知灼见，共同讨论并进一步认识领导和管理的区别，进一步加深对变革所需努力的理解。

理查德·西曼（Richard Seaman）
Seaman 公司主席兼 CEO

本书棒极了！对于我们理解领导变革，本书做出了独一无二的贡献。

戴维·温德姆（David Windom）
Windom 公司主席

生动有趣、理论联系实际，富有切实可行的实践性建议。

理查德·德福雷尔（Richard Deverell）
英国广播公司（BBC）战略与计划部经理

棒极了！我上星期才读了本书，现在就已经应用其中一些思想到工作中了！

肯尼思·麦肯齐（Kenneth MacKenzie）
Mentor 集团主席

本书非同寻常，我对它真是爱不释手——科特的写作风格棒极了。8 个步骤的变革模型十分有效，一定会赢得学术界和商业界的一致好评。

塞缪尔·施瓦布（Samuel C. Schwab）
S. Schwab 公司 CEO

我真的喜欢这本书。本书的写作风格使其十分易懂。我已经与公司主要管理人员分享了本书，我相信如果我们都能对书中提到的问题加以思考，我们的公司一定会受益良多。

杰拉尔德·贝德里（Gerald M. Bedrin）
Allied Strauss 办公用品公司 CEO

本书对于领导变革极有启发！

斯蒂夫·京格里希（Steve Guengerich）
BSG 公司常务董事

本书好极了！其中关于变革管理当中的 8 种错误以及 8 个步骤的变革过程极具价值。科特将变革过程放在一个大的社会及经济背景下加以讨论，整合了前人对于变革的研究及他本人早期的研究成果。

拉凯什·库拉纳（Rakesh Khurana）
哈佛商学院博士

棒极了。我从本书中学到了很多，相信本书一定会取得巨大成功。

约翰·丘吉尔（John Churchill）
Dunhill Madden Butler 公司常务董事

对于组织以及组织当中的个人来说，变革确实是势在必行——本书深刻地阐明了这一点。

小罗伯特·约翰斯通（Robert E. Johnston, Jr.）
IdeaScope Associates 公司 CEO

本书不同寻常。它做出了许多重要贡献，帮助我们更好地理解组织转型当中的领导艺术，以及变革细节步骤。

小卡尔·诺伊（Carl H. Neu, Jr.）
Neu 公司 CEO

译者后记

掌握变革 8 步骤，提高变革成功率

　　20 世纪 80 年代末期，崔健有一首流行歌曲唱道："不
是我不明白，这世界变化快！"

　　人类进入 21 世纪的第三个十年，新冠疫情、俄乌
冲突、地缘政治危机、全球供应链脆弱、科技巨头的颠
覆性创新、极端气候频现，极大地打破了原有世界的平
衡，给世界的发展带来了巨大的不确定性和动荡，很多
行业将很快面临颠覆与重构，但同时，这里面也孕育着
新世界的机会和希望，一切都取决于我们如何认知与应
变。未来 20 年，我们将见证科特教授在《变革加速器》
（2014）一书开篇中指出的："**我们正在穿越一条边界，
进入一个充满难以预测的混乱和指数级变化的世界，我
们对此尚未做好准备。**"

　　人们常说：在这个世界，唯一不变的就是变化！但
是今天，商业环境的变革速度和变革规模正以指数级的

态势发展，个人和组织的生命周期都在"缩短"，企业竞争是全方位和无边界的。互联网行业的朋友常说，互联网行业一年的变化相当于传统行业七年的变化！在 21 世纪，我们一生经历的变化可能会超过过去 2000 年的变化，我们很多人的一生将穿越农业文明、工业文明、数智文明，甚至太空文明！

大量研究表明，组织变革的失败率高达 70%，如何在充满易变性、不确定性、复杂性和模糊性（volatility，uncertainty，complexity，ambiguity，VUCA）的世界中生存发展，是一个世界级难题。约翰·科特教授有一个发人深省的隐喻——

我喜欢用骑自行车来打比方，公司知道步行已经行不通，必须骑自行车。它们知道，需要走的距离越来越远，必须加快速度。所以它们选择身强体壮的人来骑自行车，它们可以派遣专业人员寻找减少阻力的轮胎，因此，它们说我们知道如何变革了，我们一直在努力。但是它们没有注意到距离越来越远、需要的速度越来越快，自行车已经过时了，它们需要轿车、机械师、驾驶员等。但是，它们甚至不知道轿车是什么，不知道提出这样的问题："我们将要放弃自行车吗？我们需要换一种方法吗？"它们仍然以现在的工作方法为荣，反对寻找一种新方法。它们仍然有这样的言论："道路越颠簸，自行车的优势越大。"它们根本不知道，从某种角度上说，自行车已经根本不适用。这已经不是量变，而是质变。

科特教授自 20 世纪 70 年代中期在哈佛商学院留校任教开始，就致力于研究组织绩效，在这个过程中，他发现那些在变化的环境中长期保持高绩效的组织成功的关键是变革领导力。因此，他先后出版了八本与变革相关的书籍，其中，1996 年出版的《领导变革》是其中最具影响力的标志性著作。科特教授总结的 **"领导变革的 8 个步骤"** 成为指导变革成功的经典方法论：**树立紧迫感、组建领导团队、设计愿景战略、沟通变革愿景、善于授权赋能、积累短期胜利、促进变革深入、成果融入文化。**

其后，全球众多企业参照科特教授提出的"领导变革 8 个步骤"进行变革实践，有些企业取得了成功，有些企业失败了。科特教授和团队又进行了深入的跟踪研究和分析，他们进一步强调提高变革成功率的关键有两条。一是把人心放在第一位。科特在后续的《变革之心》（2002）和《冰山在融化》（2006）两本书中强调了这一点，他通过研究 34 个变革故事发现了成功变革的模式：**"目睹—感受—变革"**（see-feel-change），而非"分析—思考—变革"（analysis-think-change）。在进行大规模变革的时候，企业所面临的最核心问题不是战略、结构、文化或系统，而是如何改变人们的感受，从而改变人们的行为。二是在"领导变革的 8 个步骤"中，第 1 步"树立紧迫感"最为重要，其重要程度也许占到 8 个步骤的50% 以上，为此，科特专门写了一本书——《紧迫感》（2008）。他认为，没有足够的紧迫感，人们是很难自我改变的，而没有人的改变，一切都无从谈起。

2014 年，科特教授又从打造敏捷组织的角度撰写了《变革加速器》一书，提出了在难以预测和指数级变化的世界赢得胜利的强大组织新模式：在既有的高效的金字塔层级组织基础之上，建立一个并行的敏捷网络组织，形成所谓"双元驱动组织"。这个双元驱动组织既能够敏捷应对当今世界急速出现的战略性挑战，又能高效完成既定的业绩目标。

2021 年，科特教授整合近 40 年的变革研究成果，推出了《变革正道》一书，进一步提出了变革的新兴科学，探讨了组织变革的三个根系统，涉及人脑科学发现的"求生"与"求兴"频道、现代组织"以管理为中心"的局限性、变革的小团队模式陷阱等，帮助我们更好地深入认识组织变革的复杂性和挑战性，以及如何从对这三大系统进行改进来提高变革的成功率。

综上所述，当变革与转型成为企业持续发展的常态、企业竞争的决定性变量，企业最需要什么？最需要的是领导力，它能带来动态的战略决策、敏捷的组织应变和全员的创新活力！IBM 的成功转型、微软的再次"刷新"、华为的创业成功等都是抓住战略性机会进行变革取得的成功。科特教授认为：**取得成功的方法是 75% ～ 80% 靠领导，其余 20% ～ 25% 靠管理，而不能反过来。**管理不是领导，管理是让一个系统正常运行，它帮助你完成你知道如何完成的事；领导是建立新系统，或者改变旧系统，它带领你进入全新的、很少了解甚至完全陌生的领域。这一点在快速变革的世界中有着巨大的启示。

人类是一种不断进化的物种，组织也是一种不断进化的物种。正如达尔文所说：**能够生存下来的物种不是最强壮的，也不是最有智慧的，而是最能适应变化的。**祝愿你和你的组织掌握变革的智慧，在适应剧变的世界的过程中不断取得新的成功！

最后，感谢机械工业出版社的编辑的策划和督导，使得本书顺利完成。

由于译者水平有限，错误在所难免，敬请读者批评指正。

徐中博士

领越®领导力 Master Facilitator

智学明德国际领导力中心创始人

xuzh@excelland.com.cn

2024 年 2 月于清华大学科技园学研大厦

欧洲管理经典 全套精装

欧 洲 最 有 影 响 的 管 理 大 师
（奥） 弗雷德蒙德·马利克 著

超越极限

如何通过正确的管理方式和良好的自我管理超越
个人极限，敢于去尝试一些看似不可能完成的事。

转变：应对复杂新世界的思维方式

在这个巨变的时代，不学会转变，错将是你的常态，
这个世界将会残酷惩罚不转变的人。

管理成就生活（原书第2版）

写给那些希望做好管理的人、希望过上高品质的生活
的人。不管处在什么职位，人人都要讲管理，
出效率，过好生活。

管理：技艺之精髓

帮助管理者和普通员工更加专业、更有成效地完成
其职业生涯中各种极具挑战性的任务。

战略：应对复杂新世界的导航仪

制定和实施战略的系统工具，
有效帮助组织明确发展方向。

公司策略与公司治理：如何进行自我管理

公司治理的工具箱，
帮助企业创建自我管理的良好生态系统。

正确的公司治理:发挥公司监事会的效率应对复杂情况

基于30年的实践与研究，指导企业避免短期行为，
打造后劲十足的健康企业。